Heinrich Albert Ellner

Herstellung und Verlag:
BoD - Books on Demand, Norderstedt
ISBN 978-3-7460-3418-8

"Das Leben sei ein Gedicht?
Ach, glauben Sie´s lieber
nicht!"

Heinrich Albert Ellner

Geboren am 25.12.1945 in Andernach als Hein Albert Fuchs. Durch Heirat der Mutter dann qua Adaption zum Familiennamen Ellner gekommen. Volkshochschule 1952 – 1960. Im Dezember 1958 der Unfall mit Handverlust rechts. Handelsschule und Berufsabschluss Industriekaufmann. Anschließend Verwaltungsangestellter bis zur Rente am 01.01.2006. Einen ausführlicheren Lebenslauf findet der Leser am Ende des Buches.

Gestatten Sie mir am Anfang eine kleine Geschichte, wie wir auf diesen ungeschliffenen Diamanten der offenherzigen Lyrik aufmerksam geworden sind.. Es gibt ja keine Zufälle, und so sollte es sein, dass man sich das erste Mal zu einer Lesung in einem kleinen Café in einem unscheinbaren Dörfchen in der Rhein-Eifel gesehen hat. Allein schon die Erscheinung des Künstlers: nicht alt, nicht jung, energiegeladen, voller jugendlicher Dynamik, sprühende Augen, Hut und ein wohl gewählter Ausdruck. Jedes seiner Kunstwerke birgt ein inneres Auseinandersetzen, ob mit seinem Leben oder auch mit zeitgenössischen Vorgängen. Dabei hat „das innere Kind" einen hohen Stellenwert. Er gibt sein Statement ab. In herrlicher, offener und verständlicher Art und Weise teilt er uns seine Gedanken in Lyrik und Malerei mit. Prägnant für seine Schreibweise sind die „Fußnoten", wo u.a. seine Kernkreativzeit dokumentiert wird. Interessant seine Wortschöpfung „Lyro-gramm", womit er sich von anderen lyrischen Formen abhebt.

An dieser Stelle möchten wir ihm danken, dass er uns das Vertrauen schenkt, und wir seine Werke veröffentlichen dürfen.

Romy Glaser

Zwickau/Mayen
November 2017

Inhalt

10

Das Geld der Anderen – I -

- s. zu *3.: Raffinierter Betrüger? Nein! –
Krank? Ja! Daher: Ab in die Psychoklinik für
Bischöfe -

Schon allein die vielen Namen
Deuten hin auf „Mister Wichtig".
Ergo sind dem Bischof, Rahmen
In Finanzen, null und nichtig:
„Ich bin hier jetzt euer Gott:
Und nun Zaster her! Macht flott!
…
Was soll man dazu nun sagen?:
Geldverschwendung bei Katholen.
Meisners Zögling hört man klagen,
„Soll dich doch der Teufel holen,
Kirchenvolk! Sei nicht so knickrig…"
…
Doch, was ist mit Limburgs Schranzen?
Waren sie wie die drei Affen,
Die um's gold'ne Kalb mal tanzen,
Sich den ganzen Kram begaffen,
Vom Beschiss nichts wissen wollten?
…
Ich bin hier mal Psychiater:
Seh' den Bischof an, mir, innen*,
Und da seh' ich, als Berater:
Dieses Kind** kann nicht entrinnen
Dem Zwang des Megalomanen…

13

???
Ergo werden Sie*** es ahnen?:
Auch, wenn „der in Rom" da tobt…
T. wird wohl mal weggelobt.
Und bevor der Bau vergammelt,
Wird bestimmt wieder gesammelt?!
…

Spenden Sie*** im alten Trott?
Schön! Vergelt `s der – liebe? – Gott!

_____

*1. http://www.rhein-zeitung.de/region_artikel,-
Bischhof-Tebartz-van-Elst-Agiert-mit-Salamitaktik-
_arid,1050102.html
2.
http://www.faz.net/aktuell/politik/inland/bischofshaus-
zu-limburg-auf-luegen-gebaut-12609391.html
3. http://www.faz.net/aktuell/politik/inland/bischof-
tebartz-van-elst-er-ist-entweder-ein-betrueger-oder-
krank-12608614.html

** „Das innere Kind" (s. Wikipedia"), ein von mir
favorisierter Ansatz, Befindlichkeiten mit sich selbst
auszumachen. Manche schreiben ein Tagebuch. Ich
verfasse Gedichte, in schwierigeren „Fällen" als
Lyrogramm. Daher meine ich, bei dem Protagonisten
eine egomanische Selbstüberschätzung in Verbindung
mit Großmannssucht dessen zu sehen, der für die
Erfüllung evtl. Träume kein „eigenes" Geld hat. Bei
einem Banküberfall wäre T. ja längst eingelocht. Für
diesen Raub von Kirchengeld als Verschwendung gibt
es in „der Kirche" große Teppiche, unter die man die
Angelegenheit dann kehren kann.
*** Die LeserInnen

Nr. 11 für Oktober 2013 aus insgesamt 2568
Gedichten ab März 2004; Kreativkernzeit: 08.10.13,
ca. 23:05 – 23:55 Uhr; Copyright © Heinz-Albert
Ellner – D56727 Mayen, Publikationen bisher in
Anthologien. Auswahl aus meinem Gesamtschaffen
im Internet z. B. unter – www.lyrikportal.de -
www.tabakrepublik.de - www.jammerdeutschland.de

Das Geld der Anderen – GröBaZ** = Tebartz-van Elst, zum II.

- wegen der Komplexität dieses Vorganges : Ellners gereimter Aufsatz (MEINE Erfindung) -

Einleitung:

Wie, schon wieder ein Artikel?*
Das wird mir jetzt doch zu stressig.
Ist T. grade das Vehikel
In der Zeit der Gurk' in Essig,
Nach der Wahl, wo grad nix läuft,
Kaum wer stirbt, kein Promi säuft?
...

Hauptteil:

Gut: Ich lasse mich verleiten
Durch den prima Sachartikel*,
Im Gedicht - „GröBaZ**, zum Zweiten"
-
Das Poeten-Perpendikel
Anzuwerfen, nach E. Poe,
Dass Herr T. wird nicht mehr froh...
???
Aber das ist kaum zu glauben,
Dass er meine Zeilen achtet,
Denn zurzeit wird eher rauben
- Ihm, der da* schaut wie umnachtet -

16

Wohl der Staatsanwalt den Schlaf:
Macht vom Hirten ihn, zum Schaf?

…

Ja, in einer Badewanne
Für fast Fünfzehntausend Euro
Spielt das Kind im kranken Manne:
„Peanuts! Ist halt jetzt der Teuro!
Aber Platz ist nun genug
Für `ne Fähre! He! Mit…Zug!!!"

…

Denke man sich mal: Der Mister
Wäre - statt an dieser Stelle -
Doch - qua Amt - ein Bauminister…!
Dafür muss man nicht sehr helle
Sein, das ist wohl nicht sehr schwer?
Gab's schon mal: Den alten Speer…

…

Aber solches Fehlverhalten
Würden ja – bestimmt? – die Bürger
Schnell versuchen, abzuschalten,
Nicht, wie bei dem „Limburg-Würger"
`S laufen ließen, seine Schafe,
Er, im Schafspelz, lang der Brave?

…

Was ich noch vergaß zu sagen:
Bürger sind ja doch recht blöde?!
In BERlin gibt's dieser Tage
Einen Flugplatz, der liegt öde
Für Milliarden… nur… so rum?!

Der Berliner bleibt, dumm, stumm?
???

Also treiben wir dies* Ferkel
- Von dem Ausmaß her gesehen -
Noch durchs Dorf. Denn Mutti Merkel
Hat hier – davon abgesehen,
Dass sie Kirchensteuer zahlt? -
Nix zu sagen, laut geprahlt.
…
Schluss?:
Liebe Felicitas Kock:
Gut gebrüllt, doch schon am Stock
Geht „der GröBaZ"**, will es
scheinen?
Und: Nach Abgang wird beweinen
Seine Herde den wohl nicht,
Der verlor, so, sein Gesicht,
Liegt bald - mit Verlaub -
Vor dem Papst im Staub?!
...........................…..
Treten wir jetzt nicht mehr nach.

————

* www.sueddeutsche.de/panorama/moeglicher-strafbefehl-gegen-limburger-bistumschef-was-bischof-tebartz-van-elst-jetzt-droht-1.1791670
** GröBaz! Wie's beliebt: Größter Bischof aller Zeiten?
Größter Bauherr aller Zeiten? Größter Blender aller Zeiten?
Suchen Sie es sich aus.

Nr. 19 für Oktober 2013 aus insgesamt 2576
Gedichten ab März 2004; Kreativkernzeit: 10.10.13,
ca. 15:00 – 16:20 Uhr; Copyright © Heinz-Albert
Ellner – D56727 Mayen, Publikationen bisher in
Anthologien. Auswahl aus meinem Gesamtschaffen
im Internet z. B. unter – www.lyrikportal.de -
www.tabakrepublik.de - www.jammerdeutschland.de

Das Geld der Anderen – III -
Neues vom GröBaz Tebartz-van
Elst ** (s. Nachrichten *)

„Was geht mich der Nächste an?",
Dachte grade Limburgs Bischof:
„Die Millionen – Mann o Mann –
Braucht' ich für den Innenhof,
Sauna, Schränke, Badewanne,
Denn das Geld soll – volle Kanne –
Ja in meinem Bistum bleiben!
???
Nicht, dass Flüchtlinge abzocken
Schöne Spenden, Kirchengelder!
… An Afrikas Küsten hocken
Tausende – sagt mir ein Melder -
Die speziell nach Deutschland wollen,
Und wir sie aufnehmen sollen?
…Ist das Geld futsch, gibt's halt nix!
…
Just gelingt `s schon Balkanstreunern
Sich Hartz IV doch einzuklagen!
Ich sag extra nicht Zigeuner,
Ist verpönt seit Jahr und Tagen…
Doch, bevor die betteln kommen
- Gaukeln vor, sie wär'n die Frommen -
Hab die Kohle ich verbraten…
…
Also, all ihr Kritikaster,
Fasst euch an die eigne Nase!
Weg ist nicht der ganze Zaster!
Ich war doch Limburgs Oase!
Speiste Handwerks goldnen Boden:

DA geht man in Samt und Loden!
Wer werfe den ersten Stein?
???
Gut, schon gut: Ich bin allein
Nur mit mir und meinem Gott?
…Scheiß… da hör ich was..: **„Bankrott**
Machst du mich, Du Dämlack, blöder!
Dein Freund Meissner ist nur spröder
In der Sprache. Du bist krank..."
???
„Gott, sei Dank!"

Anm.: Ich dachte, mit Gedicht II wäre für mich
die Sache erledigt, weil ich nicht nachtreten
wollte. Aber:
Mich in jahrelanger mühevollster Kleinarbeit im
Selbststudium zum transzendentalen Medium
ausgebildet, empfing ich ein schwaches Signal
aus Richtung 50° 23' 20" N , 8° 4' 0" O…
So konnte ich meinen Geist just gegen 20:25 Uhr
in einer Spontantrance nach Limburg beamen
und tastsächlich einen kurzen Einblick in die
Gedankengänge des o. G. erhaschen, die sich mit
der Relativierung dieser für ihn ungeheuerlichen
Vorwürfe beschäftigten… Allerdings liefen da
einige Leitungen heiß, dass es äußerst schwierig
war, das für mich Wichtige herauszufiltern. Ich
hatte kurz den Eindruck, dass da noch jemand
meine Technik erlernt hat… Etwa die NSA? Ergo
habe ich mich schleunigst wieder aus dem
kruden Denken ausgeklinkt, das „Gesehene"
dann aber sofort in gereimte Strophen gegossen,
auf, dass es der Nachwelt erhalten bleibe.

Das Ganze war sooo anstrengend: Jetzt bin ich total k.o.

*Siehe auch „Das Geld der Anderen II: www.sueddeutsche.de/panorama/moeglicher-strafbefehl-gegen-limburger-bistumschef-was-bischof-tebartz-van-elst-jetzt-droht-1.1791670

** GröBaz! Wie's beliebt: Größter Bischof aller Zeiten? Größter Bauherr aller Zeiten? Größter Blender aller Zeiten? Suchen Sie es sich aus.

Nr. 21 für Oktober 2013 aus insgesamt 2578 Gedichten ab März 2004; Kreativkernzeit: 11.10.13, ca. 20:30 – 21:55 Uhr; Copyright © Heinz-Albert Ellner – D56727 Mayen, Publikationen bisher in Anthologien. Auswahl aus meinem Gesamtschaffen im Internet z. B. unter – www.lyrikportal.de - www.tabakrepublik.de - www.jammerdeutschland.de

Das Geld der Anderer IV –

Das Geld der Anderen IV – Ein
Architekt dahintersteckt?* -

Limburgs Bischof hat nun Ritter
An der Seite, die ihm helfen?
Jetzt erst, wenn es schon zu bitter
Um ihn steht, und unter Wölfen
Der sich wähnt? Ach hol's die Geier.
…
Angriff auf die Edelplaner?*
Ohhhh, da wehrt sich jetzt die Branche?*
Schickt den Haubrich* vor, als Mahner?
…Schön verspätet, die Revanche,
Scheinheilig und fachversülzt.
…
„Ist doch alles gut gelungen",
Tönt 's vom Bund der Architekten?
… Lobgehudel kleiner Jungen,
Die im Sandkasten erweckten
Aus viel Sand `ne Ritterburg?…
…
Außen schlicht und innen protzig,
Derart bauen Exzellenzen?
Überheblich, blöd und rotzig
Will man mit Erklärung glänzen?
Geld versenken, leicht gemacht?
…
Ja so sind die Architekten!
Kohle spielt auch keine Rolle*,

Wenn dem Bauherrn die versteckten
Kosten für das „wundervolle"
Bauwerk aus dem Ruder laufen?
…

„Bob der Baumeister" T. Staudt
Gilt jetzt auch schon fast verdächtig?*
Irgendwen man dann verhaut,
Der sich später eignet, prächtig.
Meistens geht's dann auf die Kleinen…
…

Fazit ist: Der Größenwahn -
Fing beim Architekten* an
Und sich zwei dann zweckvoll trafen?
Planten schon, von blöden Schafen
Abgezockt, viele Millionen,**
???
Kirchlich trickreich, sich zu klonen?
Was hätt' man mit diesem Geld
Nicht an Gutem angestellt?
„ Christen, die ihr weiter spendet,
Sehet, wo das Geld dann endet… "

---

*
http://www.welt.de/politik/deutschland/article120851635/Vo
n-wegen-Protz-Bauten-in-Limburg-sind-exzellent.html . Von
dem gleichen Journalisten eine ähnliche Lobeshymne:
http://www.welt.de/kultur/article13795645/Der-Neubau-des-
Berliner-Schlosses-ist-ein-Wunder.html
** Jetzt sind's schon über Vierzig Millionen! S.
http://www.welt.de/politik/deutschland/article120863797/Li
mburger-Bischofssitz-wird-nochmals-deutlich-teurer.html

Nutzung aller Verlinkungsangeboten auf eigenes Risiko:

Das Geld der Anderen –
Tebartz-van Elst zu V... *uuund*
Letzten? - Der sei nicht krank... *

„Der ist nicht krank", meint meine
Frau,*
„Das müsste ihn entschuldigen…"
So weiß ich zu dem „Herrn" genau:
Er WOLLTE Mammon huldigen!
Den brauchte er für Eitelkeiten.
…
So konnte ich das Wort nicht halten,
Hier einfach nicht noch nachzutreten, **
Doch – einfach - sich jetzt nicht entfalten
Die Dinge dies' Apologeten:
Der hat scheinbar bewusst betrogen?*
???
Dann ist es wirklich sein Charakter?
- Ein Diener Gottes, der gern kegel'!***
- Ein geistig tumber Snob? - Kalfaktor
Des Herrn nicht, weil er gerne segel'
In übergroßer Badewanne?***
…
Und dann auch all das scheiß Gewese
Um „ab nach Rom", dann wieder nicht?
Sieht aus, er lebte in Askese,
Doch ist ein schlimmes Falschgesicht,
Betrügt sein Volk, den Papst und… Gott?
???
Getauft, bin ich mal ausgetreten
Und trug mich jüngst mit dem Gedanken,

Die Worte jenes Heilspropheten,
Des Jesus C. nun neu zu tanken,
Als Mitglied wieder, im Verein..

…

Das hat mir dieser Herr - und Meister
Der „Dreimann-Gottbescheißer-Loge?" -*
Versaut, gehörig! Bischof heißt er?
Jetzt weiß ich's auch: Der ist auf Droge!
So sehen Ego-Fixer aus.

…

Ich GLAUBE jetzt, DAS WAR DAS
LETZTE,
Das ich nun doch zu ihm* gedichtet.
…Was immer der nun so* Gehetzte
Noch vorbringt: Dieser Papst verzichtet,
Auf ihn: T. hat sich selbst gerichtet!

…

**…Das wäre fest zu wünschen
In Limburg, Frankfurt, München,
Doch auch vom Einst-Theisten,
Der näher ist, den Christen,
Als all dem andern Glaubenskram.**
???
Am'.

…_____

* Bei Diskussion über diesen Artikel:
http://www.berliner-zeitung.de/politik/faz-
akte-tebartz-van-elst-bischof-liess-gezielt-
baukosten-
verschleiern,10808018,24611280.html

27

Mein Gedicht Nr. 2.576: Das Geld der Anderen – GröBaZ = Tebartz-van Elst, zum II.
*** Kegelbahn sei auch eingebaut;
SEGELN: Satirisch zur großen Designerbadewanne.

Nr. 27 für Oktober 2013 aus insgesamt 2584 Gedichten ab März 2004;
Kreativkernzeit: 13.10.13, ca. 15:20 – 16:40 Uhr Copyright © Heinz-Albert Ellner – D56727 Mayen, Publikationen bisher in Anthologien. Sonst nur internetpräsent z. B. unter meiner Haupthomepage
www.lyrikportal.de
Nutzung aller o.a. Verlinkungsangeboten auf eigenes Risiko.

Das Geld der Anderen VI

Das Geld der Anderen VI –Arroganz in
uMnACHTung?

Ach, scheiß, verdammt, ich muss es
wieder tun...
Krank bleibt ja krank, da helfen keine
Pillen:
Zu Limburgs Bischof, dem ver-rückten
Hu...ähhh... Hahn,
Lässt sich zurzeit, um seines Gottes
Willen,
Noch gar nicht sagen, ob der
Stellvertreter
In Rom „den tollen Protz-Hans-Peter"
???
Nicht doch herunterholt aus dessen
Himmel
Des Egomanen mit dem Wahnsinns-
Fimmel:
Ein Bischofs-Sitzchen für 40 Millionen
Sich grad zu gönnen, wo dann nur d'rin
wohnen
Soll, neben ihm, ein Jesus C., allein?
...
Ach, so! Dann sei wohl in der
Badewanne

Die zweite Kopfstütz' - wie online
beschrieben -
Dem auferstand'nen Gottessohnemanne
Ganz raffiniert derart allein dann
zugeschrieben?
Na, warum sagt man das der Welt denn
nur nicht gleich?
…

So sind nun doch die bösen Spekulanten,
Die gerne spötteln, dass solch Eskapade
Sei ausgelegt für geile Fummeltanten
- *Jedoch Hans-Peter niemand mit dem
Bade*
Ausschüttet, so allein zu zweit –
enttäuscht.
…

Was soll es, in Rom eiert der Hans-Peter
Schon eine Woche rum und will nicht
weichen?!
Trotz, dass in Limburg bleibt ein laut
Gezeter,
Sieht er für sich – so heißt es – keine
Zeichen,
Die Pfründe ohne Kampf denn
aufzugeben…
???
„Ach Gott! Weißt Du von derart
Bischofsleben?!

Gestorben ist Dein Sohn, die Welt mal
zu erlösen!?
Doch ist grad „DIE Art Christentum"
vom Bösen,
Der einfuhr in den Unterstellvertreter
Bischof Tebartz – van Elst, den Protz-
Hans-Peter?
???
Das Mittelalter ist doch längst vorbei
Mit Geldverschwendung und mit
Hurerei!
Was ist in Deinem Namen denn
gerecht?
Ist alles gut, was heut läuft derart
schlecht?
Geb' Deinem Papst jetzt Souveränität,
???
Sonst ist es für „DIE Kirche" bald zu
spät..."
„ Und wer zu spät käm', den bestraf'
das Leben?"
„Sehr gut erkannt, Herr Gott, das ist
es eben!
So sende Weisheit, dass in Deinem
Namen
Hans-Peter wirk' in Afrika, bald.
Amen?!

––––

Das Geld der Anderen VII –
Limburger Feuchtgebiete?*

Da bin ich platt, wenn ich das lese,
Was „der Drobinski"* recherchierte:
Ein Sumpf schwärender Anamnese,
Was schon den Papst bös echauffierte,
Als er die Baukosten erfuhr?
...
Nun sei ja nicht nur „der Hans-Peter
Als Bischof" schuld an dem Debakel:
„Der Kaspar" hätte am Gezeter
Um dieses Bischofssitz-Spektakel ,
Selbst, ein gerüttelt Maß an Schuld.
...
Was also aussah wie „Verschwendung
Aus ein paar klerikalen Händen"
Entwickelt sich - bald in Vollendung? -
Zum Gaunerstück und kann sich wenden
Zum Aufschrei deutscher Katholiken?
...
Jetzt aber liest man auch, dass Ratten
Dies Schiff, das sinkt, verbal verlassen?*
Die, die bisher das Sagen hatten,
Behaupten nun, nicht alle Tassen
Im Schrank zu haben? Wie pikant:
...
Erinnert an die Untergänge
Der Nazis, DDR, Konsorten:
Dabei war keiner - oder Zwänge
Ließen sie lange noch verorten
Aus Angst, mal Scheinloyalität?
...
Doch dieser Bischof ist getrieben:

Die Allmacht hat sich eingegraben
In Geist und Seele und zerrieben
Das Christliche im Purpur-Knaben?
Was int'ressieren ihn die Schafe.
…
Der Plebs ist da, um zu bezahlen,
Denn Cäsar schafft ja nur das Große!
Natürlich geht's nicht ohne Qualen!
Da reicht halt keine Spendendose!
Auch… Speer wurde ja einst… gehindert!
…
So scheint das Drama nicht zu enden
Durch Rücktritt, denn Hans-Peters Streben
Ist, Limburg gänzlich zu vollenden,
Als Highlight in des GröBaZ** Leben:
Als nächstens fällt ihm dann noch ein
???
„…Auch dieser Dom… ist… viel zu… klein."

———

* Beispiel-Artikel in der „Süddeutsche"von
Andrea Bachstein, Rom, und Matthias
Drobinski.
http://www.sueddeutsche.de/panorama/tebartz-
van-elsts-umfeld-limburger-clique-1.1797563-2
und/oder
http://www.sueddeutsche.de/panorama/skandal-
um-tebartz-van-elst-vatikanische-
krisendiplomatie-1.1799164
** s. Gedicht Nr. 2.576

Nr. 36 für Oktober 2013 aus insgesamt 2593
Gedichten ab März 2004; Kreativkernzeit:
20.10.13, ca. 20:35 – 21:20 Uhr Copyright
© Heinz-Albert Ellner – D56727 Mayen,

Publikationen bisher in Anthologien. Sonst nur internetpräsent z. B. unter meiner Haupthomepage www.lyrikportal.de .
Nutzung aller o. a. Verlinkungsangebote auf eigenes Risiko!

Das Geld der Anderen VIII –
Regt euch doch nicht so auf! Sind
doch sowieso bald nur noch **Peanuts der Geschichte.***???
- Zum u.a. Artikel heute als „Ellners´ gereimter Aufsatz" (meine Erfindung) -

Einleitung:
Nach langem Zögern, Eiern, Zaudern
Ist wohl entschieden, dass Hans-Peter
Tebartz-van Elst, nach seinem Plaudern
Bei Christengottes Stellvertreter,
Ja vorerst mal gerettet ist,
Durch die geniale „Auszeit-List".
Nach Limburg kommt der nicht zurück!?
??? Vielleicht hat Afrika** das „Glück".
…
Hauptteil:
Ergo kann mancher schon belächeln,
Was Limburgs GröBaZ sich erbaute
Zum Baden, Kegeln, und das Hecheln
Über Verschwendung – dieses laute -
Ist schon passé, wie ich hier* lese.
Da wird die schnöde Vor- Genese
Bereits als Peanuts abgetan,
Denn Bauen koste halt? O Mann!
…
Das ist Satire, wie ich meine,
Die hier verfasste, Axel Hacke.
Er hätte recht, wenn nicht „der kleine
Mann heute" hätte an der Backe
Das, was manch GröPlaZ*** eitlen Gecken
Aufschwätzt, und alle „schön" verstecken
Was „es" mal kostet, irgendwann:

Dann sind „die" meist schon nicht mehr „dran".
…

Und aus der Summe aller Taten
Des Wahns „moderner" Volks-Cäsaren,
Die „fremdes" Geld derart verbraten
- Um sich herum der Schmeichler Scharen -
Als sei es nur ein Haufen Dreck
Und müsste weg zu ihrem Zweck -
Ergibt sich – wie in alten Zeiten -
Ganz schnell ein neues Hauen, Streiten.
???

Schluss… mit offenem Ende:
Denn sicher ist, dass siebzig Jahre
Des Wohlstands schürten, Arroganzen,
Lassen zu Berg der Basis Haare
Steh'n, jetzt noch bildlich. Doch im Ganzen
Sagen mein Bauch und mein Verstand,
Gebaut auf „Merkels märkisch' Sand"
Ist Deutschland, heute. Aber wehe,
Wenn's Wachstum schnell zu Ende gehe?
…
So fegt mal wieder Volkes Zorn
Das Alte fort. Und dann? Von vorn…?

---

* http://sz-
magazin.sueddeutsche.de/texte/anzeigen/40919/
Das-Beste-aus-aller-Welt „Peanuts der
Geschichte" ist hier meine Wortschöpfung und
wird von mir weiter verwertet.
** Heiner Geisslers Vorschlag am 22.10.13
http://www.welt.de/politik/deutschland/article12
1108226/Geissler-wuerde-Tebartz-van-Elst-
nach-Afrika-schicken.html Hatte ich allerdings
bereits schon im Gedicht „Das Geld der anderen,
VI" Nr. 2.592 vom 20.10.13, vorgeschlagen.

** Jeweiliger „Größter Planer aller Zeiten"

Bild: Das Boot

Es schäumen die Wellen, der Wind zeigt seine Urgewalt … man riecht förmlich die salzige Luft und spürt die Kraft der Elemente.Der Künstler stellt hier schemenhaft die Fahrt eines Bootes dar, das, so scheint es, beladen in unruhiger See seinen Weg sucht. Die Segel sind durchfurcht vom Wind und leuchten doch kraftvoll. Das Boot trotzt den Naturgewalten und lässt sich nicht beirren auf seinem Weg nach Nirgendwo. Man hört förmlich den Wind, riecht den salzigen Wasserdunst. Tosend rauscht der Wind in die Leinen der Segel pfeift und treibt das Gefährt auf dem Wasser vor sich her. Doch das Boot scheint seinen Weg zu kennen.

Sehr beeindruckend ist die Komposition, das Zusammenspiel von Farbe und Formen. Die kraftvollen Züge geben dem Bild eine sprühende Dynamik. Dem Betrachter gibt es Möglichkeiten der eigenen Interpretationen, vor allem mental in Hinblick des eigenen Lebensschiffes.

Deutschland -
Unterwand'rungsland!

Viele werden sich noch wundern,
Wenn, mobil, die DITIB macht!
Denn die ERDOGAN'schen Flundern
Sind schon lang in's Land gebracht...
...
Und die werden sich bald blähen,
Auf, zu Halbmonds Kugelfisch:
ERDOGAN will Deutschland sehen,
Als für ihn gedecktem Tisch...

...

Dieses Land von Milch und Honig,
In dem nun der Gilb regiert,
War die längste Zeit teutonisch,
Christlich. Ja, das Schicksal rührt...
???
Rührt im Topf der Zeitgeschichte:
Lange Zeit war Friede, hier.
Seh' ich aber das vermischte
Zeitgescheh'n, wird's mulmig, mir.

...
Der Islam aus deutschem Munde?
Das passt auch dem PUTIN nicht...
Und so streiten sich – wie Hunde -
Bald drei um's Einflussgewicht:

...
Unser *guter Freund, der AMI,*
Lässt sein Beute-„D'schland"nicht los...
Bleiben weiter, wir, als Dummy,

Weltpolitisch, Gernegroß!
...
Dann wird per *Ordre de Mufti*,
ERDOGAN, die Türkensaat
Aufgeh'n lassen. Kind und Grufti,
Seh'n sich bald im Kalifat?
...
Doch Zar PUTIN ist auch clever,
Hat den Fuß jetzt in Berlin!
Streut der Häsin Angie Pfeffer
Auf den Sterz, den sie hält, hin...
...
Sein Ziel: Destabilisieren!
Deutschland ist wieder zu stark
In Europa: Insistieren,
Dass es trifft ins Deutsche Mark.
...
Sie - mit ihren Winkelzügen
Mir wie'n Maulwurf glatt erscheint -
Brachte PUTIN viel Vergnügen,
Wie's – scheinchristlich? - „Welcome",
meint...
...
Recht, ist ihm da jedes Mittel!
Hilft auch ERDOGAN längst mit?
Doch auch Deutschlands Gutmensch-
Büttel,
Halten mit Zerstörung Schritt.
...
Grad die GRÜNEN sind Despoten:
Schleimen mit, auf „Welcome's Spur!

ROTH, und andre Idioten,

Fordern mehr, geistig unpur...

...

Auch durch SPDs Desaster,
Macht *die Mutti*, was sie will!
Und so mancher Kritikaster
Bleibt – leider – mucksmäuschenstill.
...Wagenknecht, die kecke Rote,
Brachte es jüngst auf den Punkt:.
Vom „Zuviel", und „vollem Boote"-
Anders ausgedrückt - sie unkt....
Gleich ein Aufschrei eig'ner Linker,
- STASI-Freunde noch bisher? - :
Wär'n, gern nicht mehr, linke Stinker,
Sondern Volks-Politiker.

...

Gysi und die alten Kader
- Wölfe in des Schafes Pelz -
Läßt Frau W. - redlich - zur Ader...
Nur der AFD gefällt's...

...

Doch grad, weil sich schon, die Linken,
ROT-ROT-GRÜN im Geist vorstell'n,
Woll'n sie Sahra zurückwinken:
„Kommt zur Unzeit!", sie's laut gell'n!

...

Jetzt zurück zu Deutschem Wesen:
Anfällig ist's, für Geschrei...
Wählt sich gerne schrille Besen,
Ist's mit Wohlstand mal vorbei?

...
Führer wären stets willkommen?
Nun, die gäbe es auch links...
Alles mal für sich genommen:
Immer, an den Rändern, stinkt's.

...

Doch dazu auch Rel'gionen
Sich Typen wie Erdogan
Dann als Neu-Despoten klonen:
Die Geh'n oftmals härter ran.
???
Ist auch Deutschland wieder reif,
Dass ein neuer Haderlump,
Hier wieder die Macht ergreif',
Wie durch Putin, bald von Trump?
???
Deutschland wieder heilsbesoffen?
Wollen wir das – neu - nicht hoffen:
So bleibt auch dies' Ende offen.

———————

Nr. 17 für Juli 2016 aus insgesamt 3.296
Gedichten/Wortschöpfungen ab März 2004 –
Kreativkernzeit 30.07.16, ca. 06:50 – 08:00 Uhr.
© Heinz-Albert (Heinrich) Ellner – D56727
Mayen

44

R. T. Erdogan und ich: Das innere
Kind* von Despoten hat... Angst.
Oder: *„Die Rache ist mein" sprach der Herr zu*
Klein-Tayyip?
Ach ja? Aber nicht zu Klein-Heinrich

Forschet nach den Früh-Gedichten:*
Nach den nicht veröffentlichten!
Da steck' drin, die kranke Seele,
Die später die Menschheit quäle,
Weil dann Rache such', das Kind...
...
Und, wann gibt es Lob-Geschichten*
Nach Klein-Receps Früh-Gedichten,***
Die in der Türkei kursieren?
Muss Europa wieder frieren,
Weil auch Angst treib' an, sein Kind?**
...

Ach, würden sie VORHER die Verse verbreiten,
Gedichte, Geschichten* der inneren Kämpfe!
Beim Leser, der Leserin gäb' es kein Streiten:
Die Kranken - die selbstverliebt schwülstige
Dämpfe
Zum Ichling verfassten, ihr Volk später quälen,
Dem sie von erfundenen Taten erzählen -
Vorher gleich erkannt, erst recht nicht noch zu
wählen!
...

Schon NERO, so heißt's, sang Gedichte zur
Laute.
Nun war scheinbar damals auch jeder ein
Schlimmer,
Der, erst einmal Cäsar, Paläste sich baute...

Und üblich war's immer, dass - Herrschers Gewimmer -
Sich anhören, Hofstaat und andre Vasallen;
Beklatschen die Sülze, dem Herrn zu gefallen...
Wir mussten des Öst'reichers K(r)ampf einst belallen.
...
Nun komme ich mal auf die Angst meines Kindes:
Sehr früh schon gedemütigt, seelisch geschunden.
Als „Bankert", mal „AMI", floh ich in des Windes
Gesang, phantasievoll. Sah dann überwunden,
Für Jahre, Relikte der einstigen Schmähung,
Auch das mit dem Unfall, als Schicksals Verdrehung:
Durch Suff floh ich tief in des Geistes Verwehung...
???
Trug lange die Rache auf frühe Versehrer
In mir. Malt' mir aus, in Gedanken, in kruden,
Ob, wie, ich dem Pfarrer, manch Nachbarn, dem Lehrer
- Zum Schluss auch dem Bauern - die Scheunen und Buden
Anzündete, um mich für Prügel zu rächen.
Für Hohn und für Spott sollten all jene blechen...
Des Bauern Schuld? ‚Hand ab', so kam ich zum Zechen...
...
Gibt's nichts Schöneres, auf Erden,
Als einmal Despot zu werden?
...Nach der Suffaufgabe – Neunzig -
Freu' so mancher Kinder-„Feind" sich

46

Auf die Rache. Ich trug nach...

...

Aber, nach Jahren der Suche
Unter Trauer und Gefluche,
- Reinigung der kranken Seele
- Rauswurf von dem, was mich quäle,
Fand ich, spät erst, zum Gedicht...
!!!
Deshalb wurd', ich, FÜHRER, nicht!
Basta.

―――

* Gemeint als „Gedichte": Frühe Tagebücher,
Texte, Gedichte, Zeichnungen, Aufzeichnungen,
Relikte, „Missetaten", in/an denen man schon
Ängste erkennen müsse (lt. Artikel im Internet)
die auf spätere Un-Taten schließen lassen
könnten. Von mir ist da offenbar nichts
überliefert??? Da hat die Menschheit aber Glück
gehabt, gelle. Ach ja: Dafür kriegt sie ja mal
meine späteren „echten" Gedichte... Fragt die
Nachwelt dann mal, was schlimmer war?
Da scheiß ich aber doch heute drauf:
Geschrieben ist geschrieben. Basta.

**„Das innere Kind" (s. u. a. WIKIPEDIA.de
und AMAZON.de): Ein "wunderbarer" Ansatz,
im Unbewussten den meist negativen
„Befindlichkeiten aus den frühen
Kindheitsjahren" auf die Spur zu kommen und
diese durch „zurück„-erinnern, - erkennen, -
ärgern, -wüten, - trauern, nach und nach einzeln
abzuarbeiten, bis „das innere Kind" wieder
fröhlich ist, quasi angstfrei. Ein langer Weg, aber
es lohnte sich für mich, dranzubleiben. 1990 den

Suff aufgegeben, ÜBER-LEBTE ich eine
mögliche Säuferkarriere mit frühem Ende, heute
geistig fit und emotional-mental authentisch,
körperlich wieder auf erstaunlich gesundes
Niveau gebracht. So sehe ich die Welt schon seit
Längerem wieder mit den Augen „meines
inneren Kindes", alles in Erwartung einer jetzt
noch folgenden Erfolgsserie ungeahnten
Ausmaßes.
Ich mache jetzt das, was MIR Spaß macht und
MUSS gar nichts mehr tun was ich nicht will.
Basta!
~~~

Nr. 06 für Juni 2016 aus insgesamt
3.258 Gedichten/Wortschöpfungen ab
März 2004 - Kreativkernzeit 08.06.16 ca.
19:15 – 21:35 Uhr (plus Nacharbeit ca.
1 Std. - © Heinz-Albert (Heinrich)
Ellner – D56727 (Nutzung evtl. o. a.
Verlinkungsangebote auf eigenes Risiko
ohne Haftung).

Auch-Idee für den REIMSTEIN-Vortrag
(allerdings darf man da nicht
singen)

Lied der deutschen Fatalisten,
gesprochen
(die Melodie muss sich noch finden)

**Es macht uns zurzeit etwas Großes zu
schaffen:**
**Das innere Kind rebelliert fast nicht
mehr.**
Ob Kriege der Welt, ob Politiker-Affen:
**Mental macht der Aufmupf nicht allzu
viel her.**
In uns da entsteht was Fatales,
Das macht aus Int'resse... Ba-na(h)les.
...

Am Arsch vorbei geht uns der Hype um das
Klima,
Da schreit doch der Retter auch: „Haltet den
Dieb..."
Mit Swimmingpool hat's ein Al Gore selbst
ja prima,
Nobelpreis für Täuscher? Ach, habt mich
doch lieb...
Den Polen verschmelzen die Kappen?
Den Nordpol wird Russland sich schnappen.
...

Und „Kernkraft, nein danke"? Auch Thema
von gestern,

Die Welt um uns rum baut sie längst wieder aus.

Gibt's dann mal den GAU, liebe Brüder und Schwestern,

Da strahlen wir trotzdem, weht Fallout ums Haus.

Wer scheißt sich denn da in die Hose?

Der Strom kommt doch eh aus der Dose.

...

Der Griechenland-Zores reißt uns nicht vom Hocker!

Europa? Na und? Jedem ist doch sein Hemd

Viel näher – sieht fast jeder Deutsche sehr locker -

Der Rock der Hellenen ist so was von fremd:

Statt über den Schäuble zu schimpfen:

Soll'n die sich mit Arbeitswut impfen.

...

Finanzkrise hier und Zusammenbruch dorten:

Die Banken verdienen fett, doch wenn es klemmt,

Versteht es der Bänker Verluste zu horten,

Die schlussendlich dann doch der Staat wieder stemmt..

Auch das ist längst so was von fad:

Geld hat doch der Bankautomat?

...

Vermüllt und vergammelt sind bald Ozeane.

Wir war'n das nicht, denn das kommt nur
aus Fernost.
Wir trennen zwar Blech von der braunen
Banane,
Doch mixen Chemie, als höchst giftige Post.
So, wir es von Herzen bedauern:
„Wie schändlich, dass Meere versauern."
...
Jetzt heißt es, dass auch Süditalien
schwächelt,
Die Armut führ' dazu – schreibt man
jedenfalls –
Dass sogar die Maffia längst nicht mehr
lächelt,
Den Paten selbst steh' schon das Wasser am
Hals...
Wenn Gräser der Weiden verwelken,
Kann man auch die Kuh nicht mehr melken.
...
Und Frankreich, der Nachbar, der einstmals
so große?
Der neidet uns längst schon die Effizienz,
Den Gürtel schnallt enger er - oh quelque
chose,
Denn ‚sieht man der neuen Entwicklung
Tendenz -
Spür ich schon den Protektionismus
Anstehen, noch vor'm Islamismus.
...
Die Briten? Die sind ganz besonders
gerissen:

Erst eingetreten zum besonderen Zweck
Nur abzuzocken, um sich dann zu verpissen?
Wird's eng in Europa, türmt Tommy, der
Geck,
Dann wird so lang kräftig gehänselt,
Bis Michel vor Wut wieder tänzelt?
...

Denn, wo man auch hinschaut im alten
Europa,
Es kriselt, es knistert, die Armut sucht
Raum,
Despoten im Umfeld, oft alt wie Ur-Opa,
Die schinden ihr Volk und es juckt sie dann
kaum,
Wenn da Hunderttausende flüchten
Zum Wohlstand hin - nach den Gerüchten.
...

In Syrien Krieg, lang brennt's auch schon im
Osten.
Europa zerbröselt da längst her vom Rand.
Doch auch Fatalisten dulden noch die
Kosten,
Als dass Deutschland neu einfällt in
Nachbars Land.
Bisher sind wir ja noch gelitten...
Fatal wär' ein Weltkrieg, zum... Dritten.
~~~

PS:
Es sieht jetzt so aus, dass die Flüchtlinge,
wollen,

Nach Deutschland, dem „Merkel-Land",
zeigt jedes Schild?
Da seh' ich schon Schäubles Geiz-Äugelein
rollen:
Die „schwarze Null" wird wohl auch dann
wohl gekillt?
Denn „Mutti" erkennt ihre Chance:
Europas Rest liegt ja in Trance...
...
Doch, kann die scheinheilige Güte sich
halten?
Zwei Jahre* sind lang, und die Wahl noch
weit weg!
Wer weiß, ob nicht doch - von den Jungen
bis Alten
Der SPD und auch der LINKEN - zum
Zweck,
Auch mal an den Fleischtopf zu kommen,
Dann locken, die scheinheilig Frommen?
???
???
Zur Zeit gibt es andere Sorgen...
Die Wahl wär' Geschehen von morgen.
Basta!

———

Nr. 13 für Juli 2015 aus insgesamt 3.021
Gedichten/Wortschöpfungen ab März 2004;
Kreativkernzeit: 14.07.15*, ca. 06:30 – 07:50
Uhr - © Heinz-Albert Ellner – D56727 Mayen -
Publikationen bisher nur in wenigen Anthologien

und als Internetpräsenz, wie z. B. unter meiner Haupthomepage   u. v. a. m. (Achtung: Alle Homepages seit Juli 2012 nicht mehr aktualisierbar, sonst sind sie weg). Nutzung evtl. o. a. - Verlinkungsangebote auf eigenes Risiko ohne Haftung bzw. Gewähr

„Verbrecher der Welt, schaut auf
diese…s **„Gutmenschhausen"**
Oder: Ich sage nur: „Steinbruch!"

Sie haben keine Perspektive?
Geh'n Sie doch in den deutschen
Knast!
Denn Ihre Ebene, die schiefe,
Hat hier den Lebensweg, der passt…
…

Für Fälscher, Schänder, Messerstecher,
Betrüger, Heiratsschwindler, all
Ist Deutschland nicht der tumbe Rächer:
Man ist versorgt, in jedem Fall.

…

Vor allem: Ist man jung an Jahren:
Ein kleiner Totschlag, Mord? Na und,
Sie werden Ausbildung erfahren,
Dann geht das Leben – später! - rund…

…

Der höchsten aller Bildungschancen
- Dem sehr beliebten Abitur -
Macht der Versager gern Avancen,
Dem's ging, um diese Bildung, nur.

…

Dann, Schlosser, Philosophen, Schreiner,
Lässt auf Gesellschaft man nun los.
Gebildet sind Sie jetzt, wie keiner.
Im Knast winkt schon das große Moos…

…
Denn unsre deutsche Geierpresse
Roch vorher schon der Story Aas
Und haut per BILD, Schrift, in die
Fresse
Dem, der die Tat doch nie vergaß…
…
Ein Gutes hat „Gutmensch" für's
Schlechte:
- Integration hört sich toll an;
Auch `s Pochen auf die Menschenrechte:
Mensch sei Verbrecherfrau, ob Mann!
…
Das Schlechte dort, ist uns das Gute:
Für lange Zeit in enger Zell'
Zählt man im Knast kaum die Minute,
Denn da vergeht die Zeit nicht...
schnell…
...
Vielleicht kommt doch noch spät die
scheue
… Reue?

---

* Gutmenschen, in dem negativen
Zusammenhang zu sehen, dass solche
„Gerechten" gerne Ausgaben und Taten von
anderen fordern, selbst doch – sobald es an ihren
Geldbeutel oder an konkrete eigene Hilfeleistung
herangeht – plötzlich „den Schwanz" einziehen.

Nachmeldung: s. **

*Nun ja, das Schicksal mischt die
Karten…:
Ich mach die Glotze an und schau
Direkt in'n Knast der schlimmen
Sparten,
In USA, dies STATEVILLE!*…
Whow!*

…

*- Die Zelle eng. Wand: Schmuddelfarbe
- Der Häftling meckert, ob des Fraß'
- Besuch sehr wenig, so er darbe…
… Warum er "sitzt" doch glatt
„vergaß"!!!*

~~~

*Was sagt uns das zum deutschen
Wesen,
Als Nachkriegsdeutschlands
Rechtsgefühl?
Der Mörder kann eher genesen,
Als all die, die er schädigt, kühl…*

…

*So machen wir uns zum Gespötte,
Die Strafe ist hier Strafe, nicht.
Und ich komm endlich in die Pötte:
„Den STEINBRUCH für solch'
Sackgesicht."*

???

Bewährtes Mittel, loszuwerden,

Bereits im pubertären Jahr'n,
Verbrecherische Geistbeschwerden.
So braucht niemand zu ISIS fahr'n!
Und: „Mehmet"*** darf DANN
wiederkommen…

** Um ca. 09:40 Uhr Fernsehen angemacht und
gezappt. Da bleibe ich kurz bei N24 hängen: Ein
Häftling beschwert sich über die miserablen
Haftbedingungen in einem Knast in den USA.
*** z.B. unter
http://web.de/magazine/panorama/serienstraftaet
er-mehmet-muenchen-zurueck-30221526

Nr. 30 für Nov. 2014 aus insgesamt 2.831
Gedichten/Wortschöpfungen ab März 2004;
Kreativkernzeit 23.11.14, ca. 08:20 – 09:35 (plus
Erweiterung von ca. 09:45 – 09:55
Uhr)Copyright © Heinz-Albert Ellner – D56727
Mayen, Publikationen bisher in Anthologien.
Sonst nur internetpräsent, wie z. B. unter meiner
Haupthomepage www.lyrikportal.de . Nutzung
aller evtl. o. a. Verlinkungsangebote auf eigenes
Risiko ohne Gewähr."

Bild: Verzerrungen

Eine surrealistische Darstellung, die sehr viel Raum für eigene Phantasien lässt. Dem Betrachter wird das Objekt nicht klar dargestellt, sondern als Symbiose vieler ineinander verwobener, sich scheinbar berührender, in sich zerfließender Einzelbilder. Es hinterlässt den Eindruck des Vollkommenen und doch Unvollkommenen, Ordnung und Chaos. Gearbeitet wurde mit Photoshop

Mutter –

Mutters Geist 1 -
Oweia1

Wie oft zog ich doch schon her
Über meine ,*böse*' Mama!
Daher fällt es mir jetzt schwer,
Positiv zu seh'n, dies Drama...
…
Ja, sie nannte nie den Mann,
Der sie damals penetrierte...
Doch zur Weihnacht kam ich an,
Ich, der erste Liebe spürte...
…
Habe später rumgesucht,
Ausgefragt, oft frech und rotzig
Wer ,*der Herr*' sei. Doch, verflucht,
Mutter blieb da stur, fast trotzig.
...
Und **hier**[1] wird plötzlich getönt:
Klugheit käme von der Mutter?
Zig Prozent? Bin glatt verSÖHNt.
Dann ist alles doch in Butter!!!
???
Und meine Intelligenz
Kommt nicht von dem unbekannten
Schlossherrn?, Ami?, wer der Stenz
War, auch. Gab's was mit Verwandten?

???
Da freut mich die[1] echte Forschung:
Dient dem Geist? Weg mit dem... *Mann*!
Der wirkt nur mit, an Vermorschung,
Weil er das am besten kann:
???
Schön're Sandburgen zerstören!
Auch das wird er ungern hören:
Geist ist seine Sache nicht! So passt,
da
Kriegsspiel auch in's Hormonrasta!
???
Schafft den *MANN* ab, und jetzt
basta...
Oder... so... ähnlich

———

[1]

https://www.welt.de/kmpkt/article158625113/Vo
n-diesem-Elternteil-erben-Kinder-ihre-
Intelligenz.html

Nr. 11 für Okt. 2016 aus insgesamt 3.328
Gedichten ab März 2004 – Kreativkernzeit
10.10.16, ca. 20:35 – 21:25 Uhr
© Heinz-Albert (Heinrich) Ellner – D56727
Mayen

Mutters Geist 2 -
Wie, der Erzeuger ist unwichtig?

Hatte sich zwar schon erledigt![2]
Doch hier[1] **wird jetzt klug gepredigt:**
Der sich damals flott verpisste,
Den Jahrzehnte ich vermisste,
Dem galt, auf der langen Suche,
Trauer, Zorn, Wut und Gefluche,
Wegen dem floss manche Träne,
Bei dem scheiß Vater-Gesehne…
…Solch' verdammtes Sackgesicht,
Braucht ein Kind dann aber nicht?
???
Habe ich jetzt die Brillanz
Nur von Mama, beinah… ganz?
- In der Jugend wohl `ne Wilde -
Schlug ich ein, auf Mutter Hilde,
Einst, verbal, dann im Gedicht,
Auch, wenn's sich gehört, so, nicht?
Scheiß, jetzt hab' ich nichts zu lachen,
Will am Grab den Kotau machen,
Ohne Hinundhergeier!
Bin dann auch um vieles freier…
???
Durch das innere Erlebnis
- Ausgelöst durch dies' Ergebnis[1] -
Ist der Scheiß dann echt begraben,

Durch der Mutter Geistesgaben,
Die... sich in mir kumulieren,
So verdoppeln, dass, bald, frieren
Wird, die Fachwelt, vor Gedichten,
Die manch Arroganz vernichten
Sollte, ging's nach meinem WÄHNen
Und den inn'ren Freudentränen...
...
Ja, auch das hab ich von Mama,
- Bei ihr war es nur ein Drama -
Doch sich für was Bess'res halten,
Kam auch schon von ihren Alten...
Ich erst schaffte Geisteswerke,
Nicht in Summe nur. Die Stärke
Meiner klug gewählten Worte
Aus des Geistes Reim-Retorte
Gingen derart in die Tiefe,
Dass sich Elektronik-Briefe
???
Lesen, fast, wie Lobgesänge...
Zieh' ich's mal nicht in die Länge:
Künstler brauchten Eingenommen-
Heit sogar, um hochzukommen.
Übertrieben, wär's unsäglich,
Bei mir sei's - ganz klar! - verträglich!
...
Jetzt zurück zur toten Mutter:
So, mit diesem Geistesfutter
Sei sie stolz auf's freche Söhnchen,

Dem man schon noch dieses Kröhnchen,
Der ersehnten höh'ren Weihen
Nachwirft. DANN kann sie sich freuen...
Doch bis dahin schreib ich weiter,
Stets im Blick des Aufstiegs Leiter
Denn das Glück der zwei Brillanzen
Läßt den inn'ren Heinzel tanzen...
...

Der im Leben Kranken,
Will ich also danken!
Demut – jetzt! - im Sinn,
Fahr' ich morgen hin,
Knie mich auf den Stein,
Sprech' zum Mütterlein
Kam hoch, aus dem Grab:
Dass ich, lieb, sie, hab'.
Denk', sie hört mir zu…
Dann erst hat sie Ruh'.

———

¹ https://www.welt.de/kmpkt/article158625113/Vo
n-diesem-Elternteil-erben-Kinder-ihre-
Intelligenz.html
² Viele Gedichte dazu verfasst, zuletzt ein
Gedicht zum Tode geschrieben und im Wald
beerdigt. So war das Thema erledigt, quasi

**Nr. 12 für Okt. 2016 aus insgesamt 3.329
Gedichten ab März 2004 – Kreativkernzeit
10.10.16, ca. 22:40 -01:10 Uhr © Heinz-Albert
(Heinrich) Ellner – D56727 Mayen**

Mutters Geist 3 -
Muttersohn? Adé! - Scheiden tut doch
weh!

Was wer hat unter der Mütze,
Wie ich's hab' unter dem Hut,
Das sei meist der Mutter Grütze?[1]
Donnerwetter, das passt gut...
...
Hab' ja vieles rausgeschmissen,
Von der Ahnen krudem Zeug...
Und so sei auf das geschissen,
Vor dem ich mich einst verbeugt'...
...
Bin fast frei und werde freier,
In Gedanken! Das ist schön...
Und *der* Reime stete Leier
Kann zum Sperrmüll? Man wird seh'n!
...
Werde sie mal in den Keller
Stellen, zu dem andern Kram.
Den entsorg' ich wohl mit, schneller,
Da, in echt, ganz ohne Scham.
...
Elitär sollte – ich - werden,
War der Mutter frommer Wunsch...
Als **ICH** hatte – Handbeschwerden -[2]
Zog **SIE** - seelisch - einen Flunsch.
...

Weil fehlt, der Erzeugungsmister,
Schien doch ich ihr Prinz zu sein,
Auch wenn's gibt zwei
Halbgeschwister...
Trauer, zog in Mutter ein!
....

Ab jetzt war ihr Hoffnungsträger
So beschädigt, da nichts wert,
Dass – narzisstisch – sie in schräger
Seelenlage war: verkehrt.

...

Definiert in rauer Ehe
Über mich, als Eigentum,
War das - wie ich's heute sehe -
Schon vorbei mit spätem Ruhm...

...

Wäre ja mal stolz gewesen,
Anzugeben, dass **IHR** Sohn
- Der, der spürte einst den Besen -
Sei erfolgreich! Dann **DER**[2] Hohn?

...

Ja, ich hab' schon viel verstanden,
Im Gedicht, in großer Zahl:
Spielte geistig über Banden,
Lochte ein, paarhundertmal...

Fand die Lösung für Probleme:
Litt zurück in manchem Reim...
So, ich mich auch nicht mehr schäme
Für Mama, des Übels Keim.

…

Da war immer eine Liebe,
Auch, wenn Suff **MICH** bald ja zog,
Mehr nach unten. So's Geschiebe
Meines Schicksals **MICH** verbog…

…

Doch – ich – all das ja schon kannte:
Liebe meine Mutter noch.
Trau're, dass sie sich verrannte:
Fiel so in **IHR** Seelenloch…

…

Es war **IHRE** Eigenliebe,
Die **IHR** zum Verhängnis ward.
So gab's Schicksal **IHR** die Hiebe,
Dass es mir verdarb, den Start.

…

Habe mich – spät - selbst gezogen,
Aus der^2 Scheiße: Gab den Suff,
Mit dem **ICH** mich hab belogen
- 90 – schlagartig ja uff.

...

Wie ich all das – heute – sehe,
Bin ich doch auf gutem Weg!
...Erste Jahre - und die Nähe

Zu der Mutter Geist[1], mehr schräg! -

...

Sind mir jetzt ein Privileg.
So MUSS dies geniale Cluster
UNS nach oben tragen, basta!

1

https://www.welt.de/kmpkt/article158625113/Von-diesem-Elternteil-erben-Kinder-ihre-Intelligenz.html
[2] N.e. geboren im Dez. 45 - Unfall am 20.12.58 mit Handverlust rechts.

Nr. 13 für Okt. 2016 aus insgesamt 3.330
Gedichten ab März 2004 – Kreativkernzeit
11.10.16, ca. 07:10 – 09:00 Uhr
© Heinz-Albert (Heinrich) Ellner – D56727
Mayen

Mutters Geist 4
Die Abschlusstour und das Ergebnis

Ich bin heute hingefahren,
Wie versprochen im Gedicht
„Mutters Geist 3"! Dabei waren
1 – 3 mit, mehr dann nicht...
...

Hab' gekniet, mich, wie beschrieben:
Hochgebeten – sie – im Geist...
Mich entschuldigt, was getrieben,
Ich, einst hatt', in Wut zumeist...
...

Da gab ich ihr Ohres Feigen,
Weil den Vater sie nie nannt'...
Danach konnt' sie wieder steigen,
Runter: Mein Problem? Gebannt...
...

Jetzt gab ich ihr ein paar Schmatzer:
Dass - ‚Genie' - von ihr, ich, hätt'!
„Sind vergeben meine Patzer?
Ja? Schnell rein, ins Leichenbett...
...

Ab jetzt werd' ich Dich besuchen,
So lang, wie das Grab besteht,
Ohne Wüten, ohne Fluchen,
Schaue nach, wie es Dir geht...
...

Werde auch von mir berichten,
Dass - und wie - es aufwärts ging.
Später wird man an Gedichten
Sehen, wie ich an Dir hing…"

…

Habe ja entdeckt: Die Platte
Hat am Grabstein einen Schlitz,
Und wenn ich Besuchslust hatte,
Gab's Gedichte, durch den Ritz.

…

Wie Sie – Leserin ob Leser -
Sehen, bin ich sehr aktiv:
In Gedanken ein Verweser
Mutters Schöngeist's, den ich rief…

…

Unbewusst erst, doch bestätigt,
Durch der Forschung langer Arm.[1]
So ist auch die Wut erledigt.
Seelisch fühl' ich mich jetzt warm…

…

Gut, ich hab' ja noch das Grobe!
Will nicht sagen: wie'n Prolet.
Auch, dass ich mich selber lobe,
Als der Welt größter Poet,
???
Könnte von dem unbekannten
Hilde-Penetrierer sein.
Doch trotz Fragen an die Tanten,
Ging niemals ein Hinweis ein...

...

Also ist mir auch das Rüde
Gern willkommen, passt zu mir.
Prinz, ob Bauers Attitüde,
Sind vereint, im Reimgewirr...

...

Egal, wie man's nimmt:
Der Narzissmus... stimmt.
Basta.

_____

1 https://www.welt.de/kmpkt/article158625113/Von-diesem-Elternteil-erben-Kinder-ihre-Intelligenz.html

Nr. 14 für Okt. 2016 aus insgesamt 3.331
Gedichten ab März 2004 – Kreativkernzeit
11.10.16, ca. 16:25 – 18:45 Uhr
© Heinz-Albert (Heinrich) Ellner – D56727
Mayen

Bild: Selbstbildnis

Dieses Selbstporträt des Künstlers zeigt sich beschränkt auf das Wesentlichste. Hauptaugenmerk wird auf das Gesicht gelegt. Ausdrucksstark ist die Komposition der Augen-Nase-Mund-Partie. Diese Darstellung hat einen fast mystischen Charakter und lässt viel Freiheit zur Interpretation. Gearbeitet wurde mit Photoshop.

„Aufgelesenes" –
Heute: Dank KoLiBri... Nachruf

s.

Gedichte Nrn 3.456 – 3.459
- Nur drei Strophen gem. Vorgabe in Gedicht
3.458*

Gestern* war ich an dem Grab
Schob's Gedicht* unter die Platte.
Schrieb noch, dass ich lieb, sie hab,
Muttern, flöss' auch ein, der Gatte...

…

Dann fuhr ich zurück, befreit
Von all der Erinn'rungs-Scheiße...
Die steht jetzt nur noch bereit
In Gedichten, grob, ob weise.

...

Meckert mal mein *„kleiner Prinz"*
Werd' ich ihm auf's Schnütchen
schlagen:
„Ist vorbei, die Kindheit!"... GRINS!
Mehr ist dazu nicht zu sagen!

———

* Nr. 3.459 – Gestern: 14.07.17 ca. 08:50 –
09:00 Uhr - „Das innere Kind" s. Wikipedia u. a.
Nr. 22 für Juli 2017 aus insgesamt 3.460
Gedichten ab März 2004 – Kreativkernzeit
15. 07.17 ca. 11:50 – 12:15 Uhr - © Heinz-
Albert Ellner - D56727 Mayen

„Aufgelesenes" - Heute: Nachtrag zu „KoLiBri"

„Ist das geil, ver-rückt zu sein,
Ich wär's, volksverträglich",
Meint mein FAN, ein Doktorlein,
Macht mich gar nicht kläglich...
…
Denn authentisch, praktisch gut,
Ist von Vorteil, heute…
Und so ist *der Mann mit Hut*
Reim-Sinns fette Beute...

•••
Trotzdem: Ist das noch nicht durch,
Dieses Thema: Vater?"
Fragt *der Fuchs** im Reimungs-Lurch,
Hüllenalter Kater...

…
KoLiBri, Auslöser von
- Resten früh'ren Schämens?:
- Bankert - im Dorf Unperson
- Zeit des stillen Grämens?
???
War von damals noch die Schmach
- Mutter angedichtet -
Auch die meine? Ungemach,
Weil der Pöbel richtet?
???
Ich hab heut' noch das Gefühl,
Müsste mich beweisen…

Aber jetzt gehört das „Spiel"
Bald zum alten Eisen.
???
Denn als Dichterfürst begrüßt,
Werde ich beim *Käffchen...*
Elsa damit schon versüßt,
Mir mein... inn'res... Äffchen...
???
Fühle mich besonders gut,
So geehrt zu werden...
Meistens lindert noch der Hut
Minderwert-Beschwerden

...
Mir fehlt's an Identität?
Ist denn da noch Trauer?
Schau'n wir mal, wie's weitergeht,
War ja auf der Lauer…

…
Hatte selbst schon tief geforscht:
Aufgebohrt, die Seele.
Mir entfernt, was schlimm vermorscht
War - oft mit Gequäle…

…
Doch, da sei ich nicht allein,
Weiß man zu berichten,
Zig-Millionen Kinderlein
Auf den Teil verzichten…

…
„Frag' nicht, wer dein Vater ist!"
Mama ist verschlossen
Greift zu dieser, jener List:

Hab' es nicht genossen...

Lass die Leute reden, Kind:
Nenn' ihn nicht, den Vater..."
Irdisch bläst sie's in den Wind:
Sagt's erst dem... Gevatter...
...
Kurz nochmal drauf einzugeh'n:
- Seele durchgepustet
- Alles gut! Und... weiter seh'n,
Kaum noch was, das hustet...
~~~
**Denn, nach dieser langen Zeit,**
**MUSS das Thema weichen**
**Sehe mich jetzt auch soweit**
**KoLiBri war Zeichen:**

…

So nun tauch' ich wieder auf,
Aus der Seele Tiefe...
Lass' Gedanken ihren Lauf:
Helle, kaum noch schiefe!

…

Aber das mach' ihn ja aus,
Sagt die FAN-Gemeinde:
Wer so käme, aus sich raus,
Hätte... wenig Feinde (Oder) viele
Freunde…

...

**KoLiBri, fürs Atelier?**
**Das ist was Beklopptes**
**Und, wie ich die Szene seh',**

**Gibt' s da nix Getopptes….**
???
Also freut sich Heinrich E.
- Schöpfer nicht, des Namens -
Dass hier die Verbindung steh':
**Unbekannten Samens…**

...

**KoLiBri** war noch ein Rest:
Half mir, zu verstehen…
Feier' ich das Totenfest:
Leichen lässt man *gehen*...

...

Abgeschlossen ist der Scheiß
Jetzt aber auch gründlich...
Dank, Frau M. aus M.! Als Preis
Kriegt sie's *auch*\* noch mündlich...\*

...

**Und so singt das Dichterlein,**
**Freut sich nun unsäglich:**
**„Ist das geil, ver-rückt zu sein,**
**Und das jeden-täääglich...**

―――

\*Nichtehelich geboren am 25.12.1945, als
„Heinrich Albert Josef Fuchs" - s. dazu auch
Anmerkung in Gedicht Nr. 3.456. - „auch" =
Gedichte signiert übergend - „...mündlich" = als
verbalen Dank und Bussibussi, wenn sie mag.

Nr. 19 für Juli 2017 aus insgesamt 3.457
Gedichten ab März 2004 – Kreativkernzeit

12. 07.17 ca. 10:45 – 12:10  - © Heinz-Albert
Ellner - D56727 Mayen

## „Aufgelesenes" – Heute: Dank KoLiBri:

Brief an meine verstorbene Gebärerin, s. dazu Gedicht Nr. 3.458

**„Weiß nicht, wie oft ich noch stehe**
**Hier, am Grab, lieb Mütterlein,**
**Doch wie ich die Zukunft sehe,**
**Schau' ich ab und an mal rein ...**
...

Heut' jedoch ist es mir wichtig,
Dies' Gedicht, als Abschlusswort,
Einzuwerfen, weil jetzt nichtig
Ist, manch Kränkung, und so fort...
...

Solltest du 's im Jenseits lesen,
Freut' es mich, dann ist es gut,
Habe ja mein Dichterwesen
Wohl von dir, unter dem Hut?
...

Alles andre: Schnee von Gestern,
Als Essenz mal nur soviel:
Werde wohl jetzt nie mehr lästern,
Über früh'res Psychospiel...
...

**Also sei alles vergeben,**
**Was mein inn'res Kind gekränkt...**
**Reicht jetzt auch, denn ICH WILL**
**LEBEN...**

# Wär' noch was an Rest?... Geschenkt!

———

Nr. 21 für Juli 2017 aus insgesamt 3.459
Gedichten ab März 2004 – Kreativkernzeit
13. 07.17 ca. 21:05 – 21:30 Uhr - © Heinz-
Albert Ellner - D56727 Mayen

## „Aufgelesenes – Heute: Dank KoLiBri das Ende meiner Selbstkasteiung

Hab' mich lange selbst beschissen,
Doch ich scheiße heute drauf…
Dazu meint nun das Gewissen:
*„Höre jetzt mit DER Scheiße - auf…*

*…*

*Hast erforscht, gespürt, bedauert*
*- Stets gelitten unter, DIR -*
*Vieles lang und breit betrauert:*
*Nun mach Schluss, im JETZT und HIER!*

*…*

**Letztgedicht zur Seelenklage:**
*Abschluß, weil's zu Ende ist!*
*Was da noch sei, unter Tage,*
*Ist Essenz, kein Seelenmist…*

*…*

*Also, komm sofort zu Potte:*
*Zauder' nicht, bleib jetzt auf Trab:*
*Schreib' was, kotze, hab' das „Flotte",*
*Aber schließ' DICH endlich ab…*

*…*

*Wie es meint, diese Metapher:*
*Schließ' DIE Tür zur Kränkung zu:*
*Bankert, Stützchen, Säufer, Paffer,*
*Mutter: Leg's zur ew'gen Ruh…*

...

*Schreibe einen Brief, wie immer,*
*Wenn du was verstanden hast,*
*Und aus Geistes Hinterzimmer*
*Dir entferntest, Alt-Ballast...*

...

*Geh' nun hin und komm' erst wieder,*
*Wenn die Sach' erledigt ist,*
*Weil - DEN Brief - legtest du nieder,*
*An dem Grab, wo du vergisst...*

...

**Ist DER Seelenmüll be-stattet,**
**Schreibst du einen Nachruf noch.**
**Nur 3 Strophen sind ge-stattet,**
**Dann geht's weiter aufwärts, doch. "**

———

Nr. 20 für Juli 2017 aus insgesamt 3.458
Gedichten ab März 2004 – Kreativkernzeit
13. 07.17 ca. 09:50 – 10:40 Uhr - © Heinz-
Albert Ellner - D56727 Mayen

## „Aufgelesenes" - Heute: „… Kolibri???"

**Manchmal höre ich Geschichten,**
**Kannte ich partout noch nicht!**
**Diese muss ich nun verdichten:**
**???Hat dies' Thema noch... Gewicht?**

~~~

Liegt – gereimt - längst bei den Akten:
„Alles zu der Vaterschaft",[*]
Denn da gab es keine Fakten:
Durch's Verdichten erst *gerafft*.
???
Gestern aber rum-ge-albert,
Mit Frau H., im Atelier,
Wieder mal, dass... *der Heinz-Albert*
Einst ein Prinz * war! Das war sche'...!
…
Von Frau H., ein May'ner Mädchen,
Kam spontan: „Kein... *Kolibri*?"
??? Drehte geistig gleich am Rädchen:
„Scheiß, den Ausdruck hört' - ICH -
nie!"
…
Dann versuchte ich zu raten:
Kam nicht drauf, war sehr verblüfft!
Ich, versiert in Wortes Taten,
Bin da blöd drumrumgeschifft?!

???

„Aber Heinrich!!! Nein? Der... **Kohlen**-
Und der... **Lic**htmann sind gemeint!
Auch der **Bri**efträger, verstohlen,
Hat beschält, im Dienst vereint!...“

…

Kaum hatt' ich den Gag verstanden,
Fügte ich blitzartig an:
„He, das wär's : Von mir Probanden
Passt das „**Pri**"* ja auch! O Mann!

...

Was sind das für olle Sachen???“
...Kriegte mich fast nicht mehr ein -
Weinte noch im lauten Lachen:
Sah im Geist mein... *Mütterlein...*[2]
???

Mama hatte einst ‚*Kontakte*'
Zu dem Adel, in dem Dorf???
Gab's wen? > am Geburtstag > packte
>...???

Die Andeutung war amorph...
???

Alles denkbar, zu den Zeiten!
Doch! Kein Prinz??? Die Hoffnung
flieht,
Zogen ja an Rheines Seiten
Auch die AMIs durch's Gebiet...

…

Doch ein... KoLiBri? Wie schändlich…

Tät' dem *Bild der Mutter* weh…
…Mach' Erinnerung unkenntlich
Was, wenn ich zu deutlich... seh'?
...

Nicht, dass ich *die Mutter* ächte:
Diese Zeit war schlimm genug…
Denk' zu *ihr* auch nicht das Schlechte:
Nach, nur zu <u>dem</u> Selbstbetrug:
???
Meinem! Der ich mich gern sonnte
In dem Glanz, ein Prinz zu sein,
Noch recht lang im Kopf. Da konnte
JESULEIN schon nicht mehr rein...
???
Soll mich doch der Teufel holen!
Seh' tatsächlich etwas, schwach...
Hoff', 's war nicht *der Herr der Kohlen*,
Kriegten sie aus... Andernach?
…

Wär' - symbolisch - auch nicht möglich:
Bei mir hält sich nicht, das... Geld,
Ich steh' unter Strom!…??? Unsäglich,
Sei *ein Zählertyp* mein Held!!!
…

Auch der *Träger einst'gen Briefes*
Ist als Vorgang nicht im Hirn!
??? Irgendwie hängt jetzt ein schiefes
Bild... hinter... *des Heinzels* * Stirn.
…

86

Scheiß' drauf, ist mir ja auch
Schnuppe:
Tippe weiter auf den „*Prinz*"!*
Denn für meine Lyrik-Suppe
Werd' ich – einst – geadelt*...
GRINS!!!

~~~

PS.:
Explosiv wie ein Vulkan
Kam's heraus, wie stets: Spontan!
„So, wie ich die Sache seh',
Hab' ich jetzt für's Atelier
???
- Auch ich pass in keinen Rahmen -
Endlich DEN bekloppten Namen:
KoLiB(p)ri...BASTA - kein Amen!

———

* Durch meine Gedichte zu/in den
Angelegenheiten: „Bankert" - Unbekannter
Erzeuger – „Inneres Kind" u.a.m. als
Gesamtgemengelage bekannt, besteht b.a.W.
auch noch dieses innere Konstrukt: „Bauer nach
außen, Prinz - wenn schon nicht eine/die adlige
Abstammung bewiesen ist bzw. überhaupt heute
noch als Fragestellung erlaubt/relevant wäre -
wenigstens begnadet-geistig adligem Dichter-
Geblüts seiend.
Auch durch diese Vorstellung als
Motivationshilfe, erhalte ich mir die narzisstisch-
arrogante Einstellung, dass mir – irgendwann in
diesem, meinem Jahrzehnt von 70 – 80,
gefälligst (also jetzt nur noch nächst 7 Jahre Zeit

bis spätestens 2025) - der Nobelpreis für Literatur zustünde! Basta.

Nr. 18 für Juli 2017 aus insgesamt 3.456 Gedichten ab März 2004 – Kreativkernzeit 12. 07.17 ca. 07:30 – 09:35 Uhr - © Heinz-Albert Ellner - D56727 Mayen

Bild: Keine Köpfe mehr

Das Bild lässt viel Spielraum für eigene Denkanstöße. Zu sehen ist eine Künstler-Modell-Puppe, die statt eines Kopfes eine Hand hat. Die Puppe marschiert festen Schrittes vor einer beindruckenden Naturkulisse. Das Bild ist in Grautönen dargestellt. Gearbeitet wurde mit Photoshop.

Keine Köpfe mehr…

Ich glaub', ich hab' da jetzt begriffen,
Was mir ein Bildhauer einst sagte,
Ein Libanese: Drauf gepfiffen
Sei 's, was - als Steinmetz! - er
beklagte.
???
Denn Denkmal-Köpfe auch zu
schaffen,
Als Auftrag von „Politik-Affen",
Wär' für's Gewissen wirklich heikel!
Um's - übertragen – klar zu sagen:
Wie leicht werden an andern Tagen
Die alten Köpfe abgeschlagen...
~~~
*Das, adaptiert auf mich, als Dichter:*
*Ab jetzt kein Reim mehr, zu Gelichter,*
*Das sich hochdiente mit Geschleime*
*Oder in Seilschaften, geheime…*
*Auch Präsidenten, ob gewählte,*
*Ob durch Claqueure hochgezählte…*
*…*
*Ab jetzt also keine Gedichte*
*Zu Köpfen uns'rer Zeitgeschichte…*
*Ob kleine Köpfe, große Häupter*
*- Ist auch dabei manch' Heils-*
*Bestäubter…*

Ich werde nicht mehr, durch Bereimung,
Mithelfen bei der Selbstbeschleimung???
~~~
- Vor Wochen über Trump gewettert
- Fies über Erdogan gebrettert,
- Hab' vielleicht Putin leicht be-wundert,
Wie genial der stichelt, zundert!
Doch will's Europa nicht goutieren,
Auch ich nicht alles akzeptieren...
...
So also lass ich - Meinung – fahren,
Denn jetzt entdeck' ich, mit den Jahren:
Es gibt noch anderes Betreiben,
Statt mich an „Köpfen" noch zu reiben.
Deshalb ist - doch mit Gruß und Kuss! -
???
Schluss...
???
PS.: Es sei denn, dass da sei
Doch wieder was für mich dabei,
Den groben Dichter schräger Zeilen,
Der sich per Reim kann schön aufgeilen
An Scheiß', der in der Welt rotiert,
Meist ja von Promis initiiert.

——

Nr. 13 für Juli 2017 aus insgesamt 3.451
Gedichten ab März 2004 – Kreativkernzeit
09.07.17 ca. 10:35 – 11:45 Uhr
- © Heinz-Albert Ellner - D56727 Mayen

MAINZ-Trilogie – 1. Akt - Flying Mind

- Im Mai 17 kurz angereimt, JETZT erst gebraucht??? GENIAL!!! -

Ich habe versucht, auf dem Teppich zu
bleiben!
Doch wär' der Platz real ja äußerst be-
schränkt…
Denn geistig neig' ich mehr zum Fliegen. Da
treiben
Gedanken in Höhen, die mir „mein Kind"*
schenkt…

~~~

Das „innere Kind", Reservoir meiner Jugend!
Tresor mit Ideen, so spät erst entdeckt!
Scheiß ich da auf Vorsicht und Rücksicht und
Tugend?
Ein TRUMP zeigt doch, was in den Deutschen
drinsteckt?
???
Lass ich all das raus, was ich habe, von Opa?
Den Jähzorn besonders, wenn man nicht das
macht,
Was ICH will? Das hatten wir schon in Europa!
Mein „inneres Kind" gibt da längst aber acht…
…
Denn einst gab's die Neigung, mich selbst zu
zerstören:
Als „Bankert" beschimpft, „fiel" dann noch die
Hand ab...
Freund Alkohol sollte – lang' - zu mir gehören,
Ab 90 war Schluss, denn sonst läg' ich im
Grab...

~~~

92

Ein Vierteljahrhundert gesucht, nach Erkenntnis
Und dem, was mich ausmacht, als Mensch und
im GEIST,
Weiß ich längst, dass mit all der OHN-MACHT
ein End' is':
Mein fliegender Teppich die Richtung, mir,
weist.

…

Nur manchmal noch neig' ich dazu,
hochzufliegen...
Die Eitelkeit gibt mir dann Auftrieb, wie sau!
Das Selbstlob macht mir dann am Meisten
Vergnügen…
Bald wieder am Boden, land' ich im Verhau…

…

Nun gut, dieser Spaß an gereimten Wortspielen
Entspringt auch Balladen, in der Art gemacht.
Zwar weiß ich auch, dass es ergeht, noch so
vielen.
Doch ICH bin ICH. So ist an alle gedacht...

…

Da wird niemand draußen an Nächste
verschwenden,
Gedanken, dass etwa Herr X und Frau Yps
„Begnadeter" seien. So lass ich's bewenden:
Mir tritt man mit „Selbstsucht" da nicht auf den
Schlips...

~~~

Das Einzige, woran ich arbeiten müsste,
Das scheint mir das Ehrungs-Geheische zu sein,
Da, staatlicherseits??? Doch, als ob ich's nicht
wüsste:
!!! Der uralte Ärger zu „Mainz, Pack am
Rhein"???
???

93

??? Der gilt... mit der EMAIL*... nachher, als erledigt,
Begeb' ich mich endlich mal richtig auf's Eis!
Wer nichts wagt, gewinnt nicht's! Und die harsche Predigt
Die war mir glatt Freude, „mein Kind"* schrieb sich heiß...

...

Jetzt mein' ich's zu spüren: „MAINZ" hat sich verflüchtigt???
Ich fühl' mich befreit, jetzt, so spät in der Nacht,
Mehr am frühen Morgen!!! Bald bin ich berüchtigt:
Wer unten ist, dem's dann nur wenig ausmacht!
~~~

Verdammt, war das wieder ein geiles Gereime!
Was schreib ich authentisch, bin gar nicht vernünf-
Tig und neige kaum zu Gesülz' und Geschleime!
Doch: „Wie lang' hält sich: „GG, Artikel 5"?
???
Wir werden bald sehen, wie Fähnchen sich drehen,
Zurzeit weht ein scharfer Wind mehr ja aus West,
Uns um die Nase! Und neues Geschehen,
Ergibt sich aus Deals dann mit „Donald, the Best"

...

Vielleicht gibt's dann wieder Zollschranken und Zöllner?

Doch, Scheiße, was soll's: Int'ressiert Dichter kaum:
Wie sagt fatalistisch dazu dann der Kölner,
Der hat coole Sprüch', und die Schnüss nicht im Zaum:
???
„Et hät noch immer jot jejange..."
In diesem Sinne: Keine Bange!
Das TRUMPeltier schickt in die Wüste,
Der AMI selbst! „Et klapp' doch! Sühste..."

———

* „WUT-Email" unter konrad.wolf@mwwk.rlp.de an Herrn Landesminister Prof. Dr. Wolf" gesandt (ausgedruckt als Anlage in meinem Ordner „Gedichte 2017" in der Sammlung „Gedichte ab 2004 (mit Ausdrucken von im Gedicht darauf bezogen: verlinkten Medien-Berichten/Artikeln etc.)" als Beweis/DOKU für die „Nachwelt".

Nr. 03 für Juli 2017 aus insgesamt 3.441 Gedichten ab März 2004 – Kreativkernzeit 03.07.17 ca. 01:50 – 04:00 Uhr
- © Heinz-Albert Ellner - D56727 Mayen -

MAINZ-Trilogie – 2. Akt - Bin ich die „Mainzer Selbstbelobigungs-Mafia" wirklich los? I.-

Siehe dazu auch Gedicht Nr. 3.441 -

Bin ich sie los, in meiner Seele,
Die Wut zu Mainzer Ehrungs-Schranzen,
Mit denen ich mich jetzt abquäle,
Seh' sie um ihren Nabel tanzen?
???
Zwar mach' ich's selbst gern, in der Dichtung
- Beschäftig' mich mit mir vornehmlich -
Doch werden die bezahlt, für Sichtung
Des GANZEN Landes Schätze, nämlich…
…
Als Dichter aus der fernen Eifel,
Da untersuchte ich Preisträger
Und habe längst - begründet – Zweifel:
Dies' „Mainz bleibt Mainz" wirkt, noch viel
schräger:
…
Dort dunkle Mächte angenommen,
Die da in Mainz das Sagen haben,
Bleibt's mir ja wirklich unbenommen,
Zu Preis-Vergabe laut zu klagen…
???
Nach dem, was ich zusammenführte,
Beim „Martha-Saalfeld-Preis", als Muster
Scheint JEDER schon der Angeschmierte,
Von außerhalb? Und da wird's duster!
…

Die EMAIL an den Herrn Minister*
Erging als Wut-Mail – abgefedert -
Sonst hätt' ich beinah noch den *Mister*
*Wolf** – für den *ZÖLLNER** – abgeledert...
...

Und jetzt? Die EMAIL und Gedichte
Sind abgesandt, und mir ging's besser,
Zunächst!... Das ist jetzt auch Geschichte!
Doch plötzlich sitzt im Kopf, das Messer...
...

Denn ich bin trotzdem unzufrieden:
Ließ meinem inn'ren Kind die Zügel???
Das gab schon einst so lang nicht Frieden,
Bis es von *Mutter* gab dann...Prügel???
???
War *Dr. Wolf* da „meine Mutter"???
Hab' in der MAIL* ja schön gezickelt?
Aus Wut-gelenktem Geistesfutter
Hat sich fast ein Pamphlet entwickelt!
???
Verdammt, der Scheiß muss jetzt mal enden,
Und ich nicht stets auf Schläge warten!
Die MAIL ist raus aus Kopf und Händen...
Ich sollte jetzt zu Neuem starten...
...

Eindeutigkeit ist mir kein Lehen:
Solch' „Feedback-Suche" war nie richtig...
Vielleicht gibt's jetzt auch ein Verstehen:
„Geliebt zu werden" ist nicht wichtig...
...

So war der Hass auf Mainzer Schranzen
Zum Ehrungsscheiß nur... vorgeschoben?
Ein Pseudokriegsfeld dann, im Ganzen?

Nein, nicht ganz richtig: mehr... verwoben!
...
Als letzte meiner Kindheits-Leichen,
War's Teil der Psyche? Jetzt vergessen,
Das stete „Mag mich!", -„Lob-mich",
Heischen
Hat mich bisher ganz fies... besessen.
???
Seh' ich sie richtig, meine Gabe?:
Der Brief???* > dann konnte ich mich
reiben
Per MAIL???* > Hab' das „Liebt-
mich!"- Gehabe
Gerafft, dann, durch's Gedichte
schreiben?
???
Wär' der Scheiß fort, plus grober
Sprache
- Relikte aus den alten Zeiten -
Könnt' „Rilke", als fiktive Sache,
So langsam in mein Denken gleiten???
???
- Hab' ich's gehabt, das hehre Spinnen?
- Mal ausgeübt in frühen Jahren?
Ich warte ab...lausche nach innen,
Damit bin ich stets gut gefahren...
...
**Nun gut, bin auch recht weit
gekommen:**

„Geliebt zu werden" war mein Trachten?
Die Sucht hab' ich mir selbst genommen
Und werde auf die Fallen achten!!!
...
Gelobt sei da mein Genius
Das war's dann auch und damit:
Schluss!

―――――

*Einladung und tatsächlich abgesandte Email an Herrn Minister Dr. Wolf - plus wirklich lange und böse Entwurfs-Fassung als erste Absicht - in meinem DOKU-Ordner mit gedruckten Exemplaren meiner Gedichte, als Anlagen angehängt an Gedicht Nr. 3.441 - Zöllner war sein Vorgänger im Amt.

Nr. 04 für Juli 2017 aus insgesamt 3.442 Gedichten ab März 2004 – Kreativkernzeit 03.07.17 ca. 21:10 – 23:35 Uhr (mit kurzen Unterbrechungen)
- © Heinz-Albert Ellner - D56727 Mayen -

MAINZ-Trilogie – 3. Akt

– Da ging dann aber gewaltig die Seelen-Post ab -
Ein geistiger Dialog, der sich gewaschen hat!!! - Siehe dazu die Vor-Gedichte
Nr. 3.441 und 3.442 -

???

Ich werde wach[1] und geh' zum Ordner...
Seh' mir das Letzt-Gedicht[2] mal an...
??? Dann fällt mir auf: „Geliebt zu werden,
Musst du ersetzen! Scheiße, Mann!"

...

Also beginne ich zu rätseln,
Was darin passt, so, ganz noch nicht?
„Geliebt? Ist gut und schön, in Teilen...
Da fehlt noch was, hat mehr Gewicht!
???

Verdammt, nicht nur das Wörtchen „Liebe",
Das kommt etwas zu häufig vor:
Dieser Narzisst in dir, du Pfeife
Der ist taub auf dem andern Ohr!

...

Das LOB ist es, steht schon im Titel
Des Vorgedichts[1], als Eigenschaft,
Die du „MAINZ" vorwirfst, als was Schlechtes!
Das Selbst-Lob DEINE Leiden schafft!!!
???

Du kokettierst mit der Metapher???
Bist stolz d'rauf, genial zu sein???
Die Eitelkeit, du tumber Schnösel,
War nie drin, in dem Kind vom Rhein!!!
!!!

Jetzt kommst du hier einmal zu Potte
Und untersuchst gefälligst das,
Warum du's brauchst und oftmals einsetzt?
Sät Hochmut nicht auch Neid und Hass?
???

AFFIN, ist hier Katalysator:
DEIN Spiegel-Wort, DICH zu versteh'n!
Eindeutigkeit in Geist und Sprache

Strebst du doch an! Na, JETZT... „geseh'n"???
???
Schau in den Spiegel und erkenne:
Beachtet werden - und gelobt! -
Das hemmt dich, ist *dein Krieg im Geiste*!
Versuch' zu „sehen", warum's tobt!
???
???...Ich geh' zurück in frühe Kindheit
Und sehe...fühle... Neid und Hass,
So plastisch, dass es mich glatt schüttelt,
Und auch die Augen werden nass!!!
???

> *- ???...Kein... Prinz^3 mehr, seit den...*
> *Halbgeschwistern???*
> **Scheiß, die Alarmglocke, da, gellt!!!**
> **- Um... Mutters... Hinwendung...**
> **GEBETTELT...???**
> ...Verdammt! Wie leicht das plötzlich fällt?
> !!!

Es waren jeweils diese...“Maden",
Warum mich – Mutter! - „ließ, im Stich"?!
??? Das zog sich durch??? Mich packt Entsetzen!
Der Prinz verwandelt sich in... MICH?
???
War einst *der Mutter* stets zu Diensten,
Versicherte der Liebe, mich...
War stolz drauf, auch wenn Kinder riefen
„Ein Muttersöhnchen, fürchterlich"...
???
SIE richtete mich ab, zu dienen,
Erinnert sich nun doch „mein Kind"!^{4}
Ich sog das Lob aus Wort und Antlitz,
Als „*Mamas Prinz, mein gutes Kind!*"???
???
Denn nach den beiden, die nachkamen,
Kam ich wahrscheinlich kaum noch vor???
Deshalb Jahrzehnte mit Geheische???

101

Der „kleine Bankert"[3], auch noch... Tor?
???

Ich seh' den alten Mann im Spiegel?
Und hör' ihn sagen, wie es ist:
„Die Liebes-Suche ist zum Kotzen!
Gelobt zu werden? Größter Mist!..."
???

Entsetzen weicht dann tiefster Trauer...
??? Was mach ich gleich, wenn plötzlich fehlt
Das Wohlverhaltens, in der Psyche?
Der Kalt-Entzug mich heftigst quält...
...

Gelernt hab ich 's Zurück-Erleiden,
Wenn die Erinnerung als Schock
Mich traf und danach kam die Trauer...
... Doch das da jetzt: Den alten Bock...
...

Zu sehen, in verfall'nder Hülle,
Entkleidet von dem Bild, als Prinz???
??? Ein Trauer-Lachen packt die Seele...
Bin da noch weit entfernt vom... „...grins!"
<div align="center">~~~</div>

Dies ist ein LYROGRAMM[4] vom Feinsten:
- Am Ehrlichsten, doch am Gemeinsten...
- Das Ende ist noch nicht zu sehen...
- Was wird noch an Erkenntnis stehen?
<div align="center">~~~</div>

So schnell kann ich's noch nicht be-greifen???
Wär' ich nicht traurig, müsst' ich lachen!
Im Hirn, dem immer noch was steifen,
Fragt wer: „Was machst du auch für Sachen?
???
Vorbei, ES auf „dein Kind"[4] zu schieben!
Du hast DEN Grund doch, aller Gründe

102

Gefunden, nicht mehr - nach Belieben! -
Zu eiern! Auch des Geistes Sünde!
!!!

Lass jetzt das Jammern und das Flennen,
Du bist nun frei vom Beifalls-Heischen:
Das ist die Chance, magst' du erkennen:
DER BRIEF,[7] **der war ein Schicksalszeichen!!!**
!!!

Statt lange zum Verlust zu leiden,
Ändert sich bald, total, dein Leben!
Denn du kannst ohne Zwang entscheiden!
??? Wie's weiter geht??? `S wird sich ergeben!
???

??? Bald geht's nur noch um's Über-
Leben!...???
???...Gut, will ich schnell noch aufwärts
streben...???
???...Scheiße, wie geil, was nun kommt, passt,
da:
JETZT werd' ich Milliardär!!! Schnell
BASTA."

___

[1] Siehe Beginn der Kreativkernzeit. -

[2] Gedicht Nr. 3.442 -

[3] Schwach erinnerlich, „mein Prinzchen" genannt
worden zu sein. In erster Zeit ohne Stiefvater
bzw. zunächst Stiefschwester, sang „Mama"
auch noch traurige Lieder von „Königskindern",
Schloss, dunklen Wassern etc. dass ich – als n.e.
Kind geboren, damals von Dritten „Bankert"
gescholten, bis zur Adoption qua Heirat der
Mutter „Fuchs" hieß, mir später lange noch
einbildete, ich sei das Produkt einer Liebschaft
meiner Mutter mit einem örtlichen Adligen „von
Hohenzollern", deren Prinzessinnen ihre

Freundinnen gewesen wären, zusammen das Lyzeum der „Englischen Fräuleins zu Andernach" besuchend, und sie später dann noch im Schloss „ein- und ausgehen" dürfend.

[4] „Das innere Kind", bisher ein wunderbarer Ansatz, meine Psyche auf Ängste etc. zu untersuchen.

[5] Hatte mich kurz zum Spiegel begeben, um mir es selbst „ins Gesicht zu sagen"!

[6] LYROGRAMM – MEINE Wortschöpfung aus LYRik und psychOGRAMM. In diesen Gedichten überwiegend, habe ich vor Zeiten begonnen, seelische Probleme – davon ausgehend, dass sie IMMER in der Kindheit zu suchen waren – radikal anzugehen, in Reimen abzuarbeiten, bis auch tatsächlich am Ende eine Lösung zu stehen hatte, IMMER, und wenn es zig Strophen dauern sollte.

[7] Nach Jahren mal wieder die „amtliche Einladung aus MAINZ", an einer Preisverleihung an 3 AutorInnen teilnehmen zu können. Das war wie ein Akt der Vorsehung, oder so...ähnlich :-)

Nr. 05 für Juli 2017 aus insgesamt 3.443 Gedichten ab März 2004 – Kreativkernzeit 04.07.17 ca. 05:45 – 11:35 Uhr (mit längeren Unterbrechungen) - © Heinz-Albert Ellner - D56727 Mayen -

FAZIT: **Respekt!**
Respekt to... ME.

1. Teil
Ich lasse mal Revue passieren:
Was habe ich da neu <u>ver</u>-lernt?
Dieser „Respekt vor Großen Tieren"
Ist abgespeckt - vom Glanz entfernt!!!
~~~

Sie steh'n heut' nicht mehr auf dem Sockel,
Wie einst, zu Preußens Gloria!
Würd' wer qua Amt zu einem Gockel,
Verdiente er 's nicht!!!... Ist doch wahr!
???
Zuerst war's mal *ein Mann im Kittel!*
Hab' von der Mutter solchen Scheiß,
Dass - durch des Arztes Rettungsmittel -
Der, sei ja - fast - „ein Gott in Weiß"!
…

Gut, letztens schrieb ich *aus der Hüfte*
Einem Minister,[1] was ich denk'!
Ich überbrückte gleiche Klüfte;
Machte mir selbst, so, ein GESCHENK!
…
Vorher:
.. W. lud ein zu `ner Ehrungsfeier?
War gut gemeint, nach langer Zeit!
Doch lüftete das neu den Schleier
Zu *MAINZ 09:* Scheiß' eingedenk!
…
Was dann geschah:
„WAAAS?... ICH soll jetzt zu der Verleihung
Von einem Preis an iX und Yps...
Plus Zett??? Da gibt es nicht: Verzeihung!
MAINZ trat mir einst fies auf den Schlips!"

!!!
Und - ausgelöst durch diesen Letter -
Kam Altes sofort wieder hoch!
Im Hirn begann ein dunkles Wetter,
Nichts war in der Sach' schlimmer, noch...

...

Ich WÄHNTE mich: Zu kurz gekommen!
Doch nicht nur damals, nein, bis... jetzt!
Wie, preisverdächtig, DIE??? Benommen,
War ich sogleich wieder ent-setzt!

...

Und meine Wut war ohne Grenzen
- So im EMAIL-Entwurf zu seh'n -
Da wollt' ich mittels Unflat glänzen
Und ließ *den Rumpelstilz*[2] gescheh'n!

...

Das *"inn're Kind"*[2] schrie sich in Rage -
Hat schlimmste Schimpfworte gebraucht!
So abgesandt, wär's quelle Blamage:
"...Und Ellner meint, er sei... Durchlaucht?"[3]
...

Ich räsonierte zu: *"...die Schranzen
Um diese Königin in MAINZ..."* ...
Ließ *rosa Löcher* Tango tanzen,
So rasend war *"der kleine Heinz"*[2]...

...

Sah' sich erneut schlimmst übergangen,
Der arrogante Reim-Narziss!
Verstieg sich im Entwurf in langen
Schimpfkanonaden zum Verriss...
???
Zwar hatte ich mich nie beworben,
In letzten Jahren, wie ich weiß,
Doch herrlich war's , mal, so verdorben,
Zu fordern: "Und, wo bleibt mein Preis?"

???
Zum Schluss war es dann auch viel kürzer,
Blieb doch de facto leider dumpf.
Ich war gekränkt, trotzdem, und... Würzer
Blieb: *„MAINZ, ein mafiöser Sumpf!"*...

…

Und *diese* Email, dem *Minister*
Professor Dr. Konrad Wolf,[1]
Sandte ich – noch der „Neid-Philister" -
Auch zu, nach *„MAINZ, am Paten-Golf'*…

…

Gleich beigefügt: „Genial-Gedichte",
Damit er säh', was... MAINZ... entgeht!
ICH sei der Größte der Geschichte
In Dichterei…...WAS STEHT, DAS STEHT!

PS.:
Wer jetzt da höhnt: „Der Ellner... schustert",
Dem sage ich - „DER Große Geist!" -
„Quatsch, Oberlehrer, aufgeplustert!:
'S ist Dichterfreiheit, Schwachkopf, weißt'?!

———

2. Teil:
Die Sache war für mich erledigt,
Darin sah ich mich über'm Berg:
Ich hatte wieder geil gepredigt
Und machte mich an's neue Werk...

…

Am Abend schon gelang der 2.
Akt, in dem ich – ähnlich gelaunt -
Doch mehr schon als *der Selbst-Gescheite*
Klug resümierte, bass erstaunt…

…

„Sah" ich doch schon *„verschmähte Liebe"*...
War auf dem Weg, noch mehr zu „seh'n":

Bald Lob-Geheisch' und Seelenhiebe
Auch anzugeh'n, und zu versteh'n!
...

Urplötzlich kam dann nachts ein… Sinnen...
„Der Brief???"...Dann wachte ich GANZ auf...
Begann... sogleich... weiterzuspinnen...
War nahe dran, fast, im Verlauf...
???
Setzte mich schnell an den Computer,
Noch sehr verwirrt: „Was will da raus?",
Dacht' ich und auch *„Verflucht, mein Guter...*
Ist doch ein BRIEF, nur???" **Schluss und AUS!**
???
Was danach folgte, ist zu lesen
In dieser „Trilogie zu MAINZ",
Im 3. Akt! Dann war genesen
- Von diesem Neid - „der kleine Heinz"[2]
…

So war'n der neuen EMAIL Worte,
An Herrn Minister Dr. W.,
Geprägt von Einsicht der Retorte,
Dem Geist, wie ich es pötzlich seh':
 ???
„Wenn's Hirn schrill spielt Piano forte,
Tut's sich doch selbst am Meisten weh!"
~~~
PS.:
Weiter wird Altes angegangen,
Gäb's ein Problem, das noch still gärt...
So warten wir, was bald an langen
Reimen noch folgt! Die sind es wert,
- Als Seelenfeedback ja gelesen,
Was da sonst heute noch heut' beschwert,
Des „inn'ren Kindes" Seelenwesen -
Das es – gereimt – dann neu gebärt...

...

In die Ecke, Seelenbesen,
Gut gekehrt! Ich hab's ...verlesen![4]

---

[1] *Siehe oben*
[2] *Siehe dazu WIKIPEDIA u. ä., meine bevorzugte*
und bewährte Strategie, mich „mit mir selbst"
auseinanderzusetzen. Wer braucht da noch Gott,
wer „sein inneres Kind" wiedergefunden hat?
[3] *s. die Hinweise in vielen Gedichten zur seelisch*
lange nicht verarbeiteten „Bankert-
Eigenschaft", als nichteheliches Kind mit
unbekanntem Vater und die dann -
zusammenphantasiert – u. a. mögliche „adlige"
Herkunft väterlicherseits, Befindlichkeiten und
Verletzungen aus frühester Kindheit und Jugend
damit seelisch relativierend.
[4] *Leicht angelehnt an den erinnerten Abgangs-*
Zauberspruch in „Goethes Zauberlehrling: „In
die Ecke, Besen, Besen, sei`s gewesen..."

Nr. 10 für Juli 2017 aus insgesamt 3.448
Gedichten ab März 2004 – Kreativkernzeit
07.07.17 ca. 05:25 – 08:50 Uhr (plus Ergänzung
von ca.
- © Heinz-Albert Ellner - D56727 Mayen

Von deutschem Boden aus nie wieder... Krieg?

Nach Gorbatschow steuer' die Welt
Wieder mal zu, auf Krieg?
Doch wie's beim Dritten sich verhält,
Gibt's Loser nur, kein Sieg!
???
Es deutet alles darauf hin,
Heißt's: auf Konfrontation!
Das, weil ,des AMI' Kriegs-Doktrin
Dies' lang ja vorhätt', schon!
???
- Erst wurde *PUTIN* harsch brüskiert:
Die *NATO* steht vorm Haus!!!
- ,*Der kalte Krieg*' JETZT reüssiert!!!
...Wie geht das ,*Spiel*' wohl aus?
???
So reißt – *TRUMP* - Altes erst mal ein:
Sandkasten, ist die Welt!
Da geht's ja auch oft zu, gemein:
Einer ist da, der quält...
...
TRUMP wirkt fast wie ein fieses Kind,
Mit dem man nicht gern spielt:
Deshalb ist er auch durch den Wind:
Er ist der CHEF, gefühlt!
!!!

So geht da anders schon, die Uhr,
In seinem eig'nen Land:
Zuerst zerstört er dort Struktur!
'Blond' ist auch sein Verstand!

...

EUROPA kommt als Nächstes dran
- So sieht's *Herr PUTIN* auch! -
*„TRUMP will die Sandburg schleifen,
Mann!",*
Das sag' ich aus dem *Bauch!*
???

Wenn wir schon mal bei *PUTIN* sind:
Der geht da anders vor:
Der Fuchs ist schlau, macht keinen
Wind:
Schickt Gülle durch ein Rohr...
???

EUROPAS Burg geht in den Ar...,
*Durch Fake-News und durch BOTs,
Weil PUTIN längst schon: „Scheiße,
marsch!" Rief, Ausdruck seines Spott's!*

...

Hat einst *EUROPA* *bös* geäfft:
Millionen vor die Brust,
Weil *'15'* schuld am *Fluchtgeschäft,*
Herrn ERDOGAN zur Lust -
!!!

Und jetzt spielt auch *'der... BRITE'* nicht

Mehr mit??? Verliert den... Spaß???
Quatsch!!! *TOMMY*, diesem
Sackgesicht,
Ging's um Europas Kass'!!!
...

Zurück zu „*TRUMP, der blonde
S(c)hre(c)k*":
Der zwingt *EUROPA* auf,
Die Kriegsbewaffnung? Ist dann weg,
Lässt <u>seinem</u> Spiel den Lauf???
???
Erst wird ein Popanz aufgebaut,
Vom ‚Freund', den *USA???*
Dann wird's bei uns auch wieder laut:
...Hört man bald das...„Hurrra"???
???
Gefordert grob, im rauen Ton,
Wie beim Soldatendrill,
Muss *DEUTSCHLAND* sich bewaffnen,
schon,
Weil's nun ‚der... *AMI*' will???
       ???
Da nützt auch keine *Wacht, am Rhein*:
Lieb Vaterland, halt' still!
WIR werden niemals Sieger sein!
Jetzt wär's der Overkill !

——

* http://ze.tt/es-sieht-so-aus-als-bereite-sich-die-welt-gerade-auf-krieg-vor/

*Nr. 06 für Feb.. 2017 aus insgesamt **3.407** Gedichten ab März 2004 – Kreativkernzeit 22.02.17 ca. 05:45 – 08:20 Uhr - © Heinz-Albert Ellner - D56727 Mayen*

Um's verrecken stets anecken...

Die Deutschen, sie wollen nicht hören
Und spielen schon wieder... „verrecken".
Man hilft kräftig mit, zu zerstören,
Zu zündeln, an weltweiten Ecken...
...
Kriegswaffen an scheiß Potentaten,
Gedeckt von bespitzelnden *Freunden*?
Wer die hat, der ist längst geraten,
Dahin, macht sich Freunde zu Feinden...
...
Heut' ist wieder schwierig: Europa...
Gestorben: die alten „Verbinder"...
Bald kommen Urenkel von Opa!
Sind sie renitente Kriegs-Sünder?
...
Partout will mir nicht in den Schädel,
Warum wir die Groß-Aggressoren,
Die AMIs, ansehen als edel?
Die halten uns doch an den Ohren!
...
Strategisch kommt jetzt etwas Neues:
Herr Trump stänkert kräftig, in Polen,
Das Bollwerk sein soll, so, ein treues
Der Nato? Trump bleib' uns gestohlen...
...
Ein Hasardeur übelster Sorte:
Spielt aus, A mit B, um zu dealen...
Dann wechselt er wieder die Orte,

Und, Friedliches, wird schnell zu Zielen…

…

Warum lassen wir nicht die Pfoten
Von West und von Ost und erklären
- Uns nützliche Bisher-Idioten -
Zur neutralen Zone? *„Erwehren"*

…

- Behaupteten Anfängen, östlich,
Gesteuert, ob nicht, von den Kumpels -
Klappt wieder nicht! Man ist untröstlich:
Zuuum Dritten, Krauts, schuld an
Gerumpels?
???
???
Doch plötzlich ereilen mich Zweifel:
Was reg' ich mich auf, so, in Reimen?
Was immer sät, irgendein Teufel,
Das wird garantiert auch mal keimen…

…

Vielleicht folgt jetzt bald ein Gedicht,
Dass mich mal die Einsicht erreiche:
Es nützt nichts! Des Mahners Gericht
Bleibt dann selbstverliebtes Geseiche,

…

Will's doch niemand wissen: **Ich weiche!**

―――――

Nr. 11 für Juli 2017 aus insgesamt 3.449
Gedichten ab März 2004 – Kreativkernzeit
08.07.17 ca. 05:20 – 06:35 Uhr - © Heinz-Albert
Ellner - D56727 Mayen

Vorurteile über geiziges Verhalten von „Holländern" in Deutschland? Pfui aber auch! **Durchs Land der wilden Moffen...**
und andere kluge Annahmen und Vorurteile, genial ver-ge-reimt!

Mein Blick fiel aus dem Fenster raus...
Gelangte zu `nem PKW...
Da stiegen gleich zwei Menschen aus...
Kein Parkticket, wie ich es seh`???
Und auch kein Ausweis, für DEN Platz???
???
Ich werkelte im Atelier:
Stellte die ***Hundert Bücher*** in
Das Schaufenster und dachte „He,
Behindert? Der? Stellt sich daaa hin?
Die „rennen" förmlich in die Stadt!!!
...
Nun war das Zufall. Sonst ist mir
Das Falschparken längst scheißegal,
Weil schon seit Jahren mehrmals, hier,
Mich nervten, viele an der Zahl,
Mit „...hamm`se mal?" und „...darf man hier..."
...
Ich hab` sogar ein Wutgedicht**
Verfasst, zu dem „*Sich-drücken*"-Typ.

116

Genützt hat das bisher, viel, nicht.
Ob Ignorant, ob nur Zeitdieb:
Ein Jeder geizt da um paar Cent...
...
Apropos: Geiz! Nach einer Stund'
Sah – wieder Zufall! – ich, hinaus…
Die zwei – nach taschenloser Rund' -
Packten im Kofferraum dann aus:
Die Schnittchen und sie...
stopften...stopften...
...
Sofort schoss mir was durch den Kopf,
„Scheiß! Ganz genau, der fehlt', der
Teil!:
Holländer sind's! Denn solch' ein Tropf
Ist Calvinist und Geiz, sein Heil!
Doch die sind nicht im Rudel, hier?
???
Um dies zu klären, musst' ich raus,
Ein Stück nach links: Jetzt passt das
Bild!
Nun war's mit der Beherrschung aus:
Ich sah dies hollandgelbe Schild…
Tatsächlich: Käsköpp! Doch... allein!
???
Nun kam auch all die Scheiße hoch:
- Holländer führen im Konvoi!
- Doch, tanken, essen? Weder noch:
Im Land der Hunnen wär'n sie scheu...
Durch... Vorurteile zu den… MOFFEN!

???
Hä?
Was das auf Deutsch heißt, weiß man
es?
Nur, MUFFE, wär' zu simpel, gell?
Gibt's da noch was, das ich vergess'???
Der Schliiießmuskel!!! Ich unterstell'
DEN Randfichten mal...Revanchismus!
...
Denn, dass man uns heut' noch
beschimpft,
Den Wohlstand aber längst verdankt
- ??? TOMATEN, H_2O-geimpft!!! -
Wär' Teil des Wasserkopfs: Erkrankt,
Nachkriegserfolg uns so zu neiden!
...
Nun ja, so manches Vorurteil
Pflegt man in Gegenseitigkeit.
Das fände man ja so lang geil,
Wie's dazu gibt, nicht, neuen Streit!
Zurzeit sieht's mal danach nicht aus!
!!!
So lassen wir Holland den Spaß...
Denn, gar nicht lang, dann kriegen nass-
E Füße die Westfriesen, schon:
Die Nordsee steigt! Und ohne Hohn
Sag' ich: Die werden uns noch
brauchen,

Wenn – hinter 'n Deich! - die Wasser
krauchen!

...

Soll 'n sie doch mit den Augen klauen,
Auch Centerparks in Deutschland
bauen!
Ist besser, als dass wir die Armen
Der Welt - in gütigem Erbarmen! -
Hereinlassen, so wir 's selbst schaffen,
D 'ran zu ertrinken, ohne Waffen!
???
Das Abendland dann anders fluten,
Als Fehler von den ach so guten
Gutmenschen, die heut ' Staat und Presse
Beschimpfen, doch dann schnell die
Fresse
Halten, wenn Clans das Land
beherrschen:
Spät-Folge von Schein-
Friedensmärschen?
???
Doch „Muttis" „Rente" ist dann sicher,
Weil Erdogan - nach mancher Shisha -
Spricht danach – Angela – gleich, eilig,
Heilig... oder... so... ähnlich...?
So sei es, einst? Vielleicht auch nicht?
Cassandro meint: Das Sackgesicht

...

Tayyip macht selbst schon, dass *ES*
bricht
119

**Und ist, wie's aussieht, bald
Geschicht'!
Wenn nicht?
Dann, nicht!**

** Hundert Exemplare meines 1. Buches geordert,
um meinen Narzissmus zu befriedigen, dass ich
als deutscher Lyriker, Poet, Dichter DER Größte
sei, und mir gefälligst bald der Nobelpreis für
Literatur zustünde, basta!*

Nr. 01 für Jan. 2017 aus insgesamt 3.377
Gedichten ab März 2004 – Kreativkernzeit
01.01.17., ca. 20:35 – 22:15 Uhr - © Heinz-
Albert (Heinrich) Ellner – D56727 Mayen.

Respekt, Respekt!

1. Teil

Ich lass' mal Revue passieren:
Was hab' ich zuletzt gelernt?:
Den Respekt vor großen Tieren
Abgespeckt, vom Glanz entfernt!
~~~

Einst war's schon „der Typ im Kittel"!
Hab von Muttern solchen Scheiß!:
Durch des Arztes Heilungsmittel,
Sei er ja „ein Gott in Weiß"…

…

Letztens schrieb ich, aus der Hüfte,
`Nem Minister, was ich denk'!
Überbrückte gleiche Klüfte,
War der Brief auch ein Geschenk…
???
WAAAS...ICH... soll zu der Verleihung
Eines Preises an...X,... Y…???
Scheiß! Mir trat – ohne Verzeihung -
MAINZ, mal früher auf den Schlips!
???
Ausgelöst durch diesen Letter
Kam auch altes wieder hoch.
Und im Hirn begann ein Wetter,
Nichts, war bisher schlimmer, noch...

...

WÄHNE mich: Zu kurz gekommen!

121

Nicht nur damals, nein, bis... jetzt!
Preisverdächtig... DIE??? Benommen,
War ich gleich wieder ent-setzt!
...

Meine Wut war ohne Grenzen
- Im EMAIL-Entwurf zu seh'n -
Wollte grell mit Unflat glänzen,
Ließ den Rumpelstilz gescheh'n!
...

Räsonierte zu den Schranzen
Um die Königin in Mainz.
Ließ die Phantasie – Step – tanzen...
Rasend war *der kleine Heinz*...
...

Sah' sich schmählich übergangen!
Eitel war der Reim-Narziss!
Im Entwurf, 'nem überlangen
Kam's so zum Totalverriss....
???
Nachher kam's dann etwas kürzer
- WENIGER Behauptungs-Scheiß -
Trotzdem noch beleidigt!... Würzer
BLIEB „der mafiöse Kreis"...
…

Diese EMAIL, dem Minister,
Professor und Dr. Wolf,
Sandte ich, der Reim-Philister,
Ab nach MAINZ, am Hessen-Golf...
~~~

PS.:
Wer jetzt schleimt: „Der Ellner schustert",
Dem sag' ich - der MASTA -
„Oberlehrer? Aufgeplustert?
Dichterfreiheit! BASTA.

———

2. Teil:
Plötzlich kam zur Nacht ein… Sinnen…
Irgendwas war? Wach' GANZ auf...
Fing an, zu DEM BRIEF zu spinnen...
War nah dran, FAST, im Verlauf!
???
Setzte mich an den Computer
Irgendwas musste jetzt raus…
Dachte: „Scheiß', was ist, mein Guter,
Ist doch nur ein… Brief...und… AUS…
…
Was dann folgte, ist zu lesen
In der Trilogie zu MAINZ-
3. Akt… Dann war genesen…
Von dem Hype, der „kleine Heinz"

〜〜〜〜

1

---

[1] Der Künstler hat hier auf die Fußnote
verzichtet. Das lässt vermuten, dass eine weitere
Auseinandersetzung mit dem Thema geplant ist.

Scheiß, ist das schwer, MICH zu ergründen...

Ich komm' nicht los, von *„Heinz, dem Kind"*,
Dem frechen aus der Jugend:
`S springt plötzlich aus dem Geistesspind,
Verhagelt mir die Tugend.
...
Es gibt mir gleich Fäkales vor:
Will ich mal nur sein, leise,
Dann trommelt `s hinterm Innenohr,
Und ich schreib' sofort: „Scheiße..."
...
Ich denke an's Tourette-Syndrom,
Wer das hat, ist kaum glücklich!
Der schreit dann ...„Ficken!"... auch im Dom;
Hat Sperre, augenblicklich'!
...
Nun gut, bei mir ist's nicht sooo weit:
Zwang scheint nicht zu bestehen?
Ist's Rache an der *braven* Zeit,
Mich derart frech zu SEHEN?
...
TOLL ist's, schlimm-schön bekloppt zu sein,
Dafür werd' ich bewundert!

124

Dies' fiel der Gattin niemals ein,
Auch nicht, wär' sie mal Hundert...

...

Das PuberTIER ist auch in mir,
So, wie's grad abläuft, filmisch,
Aufmupf' und Wahnsinn sind, mir, Zier!
Gut ist: Bin von der Ilm, nich'!

~~~

Denn... müsst' ich... dichten wie ein
Goethe,
Gefördert von `nem König,
Dann würde meine Reimungs-Flöte
Schön schräg klingen? Nur...wenig!

...

Nun hab' ich mir - nächst zwei
Jahrzehnte -
Hart untersucht, die Psyche
Und fand bisher nicht, das Gewähnte?
??? Gleich bilden sich schon...
FLÜCHE!

...

Vielleicht brauch ich ja nicht zu suchen,
Den „RILKE meiner Tanten" -
Und will tatsächlich lieber fluchen
Im Reim mit Ecken, Kanten?
???
Zwar suche ich den Stil der alten
Poeten früh'rer Zeiten,
Doch dürften in mir nie erkalten

Des frechen Heinrichs Seiten?
???
Okay, ich hab' es abgehandelt.
Das ist mir so lang wichtig,
Bis ich da spür', ob sich was wandelt,
Und ich lieg' ENDLICH richtig...
...
Das „Brav-"Syndrom noch nicht
vorhanden???
Gut, bleib ich rauer Reiter
Gereimten Zeugs, bis des Probanden
Gehirn wird mal gescheiter...
...
WANN das mal sei, steht in den Sternen:
MEIN Urknall wird's mir weisen!
Zunächst seh' ich kein Licht im fernen
Weltraum, dass muss weit reisen...
...
Das Seelenlicht der Vor-Gescheiten
- Als Dichter der Romantik -
Käm' dann zurück aus Weltalls Weiten,
Bereit, lt. Hirn-Semantik...
???
Muss erst ja durch manch' schwarze
Löcher -
Passieren: Galaxien -
Bis Edle Reime, noch und nöcher...
Zum Schluss... vor mir... doch...
fliehen???

~~~

Ich warte ab und bin soweit,
Wenn ich erschein' im neuen Kleid!
Denn bisher fühl' ich mich nicht nackt,
Im groben Stoff dick eingepackt..
???
Doch käm' der Reim, fein anzuseh'n
Hätt' ich ab dann die Lyrik schön...
???Jetzt wird sich aber schnell verpisst,
Nicht, dass DIE Muse zu früh küsst!!!

———

Nr. 14 für Juli 2017 aus insgesamt 3.452
Gedichten ab März 2004 – Kreativkernzeit
09.07.17 ca. 16:10 – 17:40 Uhr
- © Heinz-Albert Ellner - D56727 Mayen

Mayens neue Dunkelzeit?

Oder: De Prinz kütt!... Aha? In welchem Jahrhundert?

Dunkelheit noch, in den Straßen.
Trübe Lampen werfen Schein.
Stromer, die die Nacht vergaßen,
Tröpfeln in die Gassen ein;
Wanken in ein dunkles Heim...
...

Es ist nicht die Nacht der Sterne:
Nebel fraß sich in die Stadt,
Die vor Zeiten gut und gerne
Reicheres gesehen hat,
Als man bräsig war und... satt...
...

Sparen muss jetzt die Kommune,
Löcher stopfen, doch auch das
Fällt ihr schwer. An der Lagune
Liegt es nicht, dies hohle Fass,
Zwischen Bergen klemmend, blass...
...

Am Zusammenfluss von Nette
Und dem andern Rinnsal, toll:
„Stehbach", die in engem Bette
Stehend, trotzdem fließen soll,
Heut mal Rinnsal, morgen voll?
...

Eigentlich ist Mayen, Mayen:
Eine Stadt wie's jede ist...
Doch anstatt sich mal zu freuen,
Dass man Frieden, heut, genießt,

Wird im Rathaus Krieg geführt...

...

Und so lauert `s „Stein-Dornröschen"
Auf des Prinzen heißen Kuss,
Der dies Eifeltor-Mimöschen
Irgendwann erwecken... muss,
Durch `nen mutigen Entschluß.

...

- Gibt es diesen treuen Prinzen,
Der erweckt die Braut, die harrt?
- Dauert ihn das müde Grinsen
- Fühlt er sich nicht doch genarrt
Durch der Jungfer... Damenbart?

...

Ob nun Prinz oder Prinzessin:
Irgendwer MUSS küssen, bald!
Sonst wird mal das Interess' in
Ein paar Jährchen wirklich kalt:
Mayen ist dann – echt - zu... alt!

---

* Wie in anderen Gedichten auch: Hoffnung auf
„einen Prinzen" oder einen „weißen Ritter"
heißt für Mayen: Investoren, Geniale
Zukunftsideen, aber auch umgesetzt, etc.

Nr. 23 für Dez. 2014 aus insgesamt 2.865
Gedichten/Wortschöpfungen ab März 2004;
Kreativkernzeit 15.12.14, ca. 09:45 – 10:50 Uhr
© Heinz-Albert Ellner – D56727 Mayen -
Publikationen bisher in Anthologien. Sonst nur
internetpräsent, wie z. B. unter meiner
Haupthomepage www.lyrikportal.de . Nutzung

aller evtl. o. a. Verlinkungsangebote auf eigenes Risiko ohne Gewähr.

Jetzt als START-Beitrag für den POETRY-SLAM im Sept. 15 in Koblenz ausgewählt:

*Hallo. Ich bin Heinrich Albert Ellner aus Mayen, schreibe seit 2004 Gedichte. Beim ersten Auswärtsauftritt wollte ich mit meinem bewegten Lebenslauf aufwarten, robust verdichtet, doch der sei zu **traurig**. Und Schillers „Bürgschaft" - **ausnahmsweise** als Fremderzeugnis frech auf aktuelle griechische Verhältnisse adaptiert - wäre für den Anfang zu **schwierig**, meinten Testzuhörer. Hier also etwas **Lustigeres,** soweit ein grober Poet überhaupt lustig sein kann.*

———

Gedicht Nr. 2.929 - Wenn ihr nicht werdet wie die Kinder...

Als alte Hülle bald a...morph (gestaltlos)
Les' ich noch vor in unserm Dorf,
Im Kindergarten, bei den Kleinsten.
Recht altklug, sind die schon vom
Feinsten...

...

Uuund Eltern sollten nur nicht meinen,
Sie hörten nichts, die lieben Kleinen.
Egal, was die daheim mitkriegen:
Da draußen wird der Schnabel siegen...

...

Ja, manches ist schon `ne Granate.
... Bin ich dann dran, der Lesepate,
Geht's mutig rein zu diesen Rangen,
Die mich in Neugier gleich empfangen.

...

Trotz Dschungelbuch als Ablaufschema,
Ist Lesen erst mal kaum das Thema!
Denn 's gibt an diesen Sondertagen
Den Zwischenruf und Kinder-Fragen.

...

...Eiiinst las ich mal im Halbkreis vor,
Die Lütten waren faaast... „ganz Ohr",
Als eine aufgeweckte Kleene
Laut rief: „Du hast ja gelbe Zähne..."

...

Das brachte mich dann doch zum
Stocken,
Und man sah auf dem Stühlchen hocken
Klein-Heinrich, aus den frühen Jahren,
Von Nachbars Tochter überfahren.
...
Denn die Erinn'rung spielt noch
Streiche,
Ist man schon eine Beinah-Leiche.
Doch kann ich da auch sehr gut testen,
Ob's Hirn schon denkt mit Geistesresten.
...
So war das Thema „Dschungelbuch"
Gleich unterbrochen, doch ein Fluch
War das nun nicht. Als ich noch dachte
- Nach - schnell ein andres Mädchen
lachte,
???
Der Typ des schlauen kleinen <u>holden</u>
„Die sind nicht gelb, nein, die sind
GOLDEN!
Mein Opa hat nämlich auch
solche...mmmm!"
...Dann wollten alle kleinen Strolche

???

Seh'n, meine „schönen gold'nen
Zähne!"
Das Dschungelbuch - ich es erwähne -
Kam <u>noch</u> nicht dran. Jetzt war mein
„Stützchen"
<u>Das</u> Thema bei den „Clever-
Grützchen"...

...

Und ich erzählte brav - zum Xten -
Was da geschah, bei dem verflixten
Unfall in meinen jungen Jahren -
Auch was zu technischen Gefahren:

...

Gefährlich seien die Maschinen,
Die - eigentlich - den Menschen <u>dienen.</u>
Da müssten Kinder mit den Fingern
Schön wegbleiben, von diesen Dingern...

...

Und gleich die Frage: <u>Wo</u> die Finger
Denn wären? Wieder ohne viel
Geschlinger
Sag ich: „Die sind doch lääängst
begraben...",
Um Ruhe im Karton zu haben...

...

Nun sind die Kleinsten ja schon Beute
Des Glotzofons, und aus der Meute
Hör' ich – bisher mir unbekannt –
Etwas von einer... „Killerhand"..

...

...Die sich da aus dem Grab erhebe
Und unheimlich ins Dunkel schwebe...
...Gleich, ohne ein verstecktes Zeichen,
Begann ein kollektives Kreischen.

...

Dies konnte ich nur damit toppen,
Dass ich laut vorlas, sie zu stoppen.
Sehr gut: Bei Mogli und Balu
Hörten dann alle jetzt erst zu!

~~~

So war der „Lockruf meines Goldes"
Auslöser, diesmal, dass da Holdes
Entfuhr den kleinen schlauen Süßen,
Was ich – auch Opa – muss begrüßen.
???
Die Frage blieb nur: Ob dies „Gold"
Ich mir jetzt noch entfernen sollt'?
Denn etwas war nun doch zum
Quietschen:
„Ich lasse mir die Zähne bleachen",

...

Das hatt' ich vor, seit ein paar
Wochen!"
Wollte das Bild des ‚alten Knochen'
Mit diesem Tun etwas aufhübschen.
Jetzt hatten mir die kleinen Liebchen,
???
Die bess're Lösung vorgeschlagen!

„Dies - Bleaching – werde ich
vert<u>agen</u>!"
Ich denke kurz an die Hygiene:
„Putz' ich mir eben mal die Zähne...

...Mit Backpulver, um nicht zu schocken
Die kleinen Racker", denk' ich, trocken.
„<u>Weißgold </u>geht wohl noch gnädig
durch,
An diesem alten Laberlurch...
???
Dann kämen wir im Dschungelbuch
Auch weiter!".... Doch, jetzt ist's genug
Für heute, denn sonst muss ich weinen
Vor Lachen, was solch lieben Kleinen
...
Entfährt, aus zartem Kindermund....
...So bleibt ein Rentnerleben bunt,
Bei all den andern Tages-Dingen,
Die Freude und Erfüllung bringen...
...
Da klopft man sich zwar auf die
Schenkel
Und freut sich über ein paar Enkel...
Nur, „Alte heut" geh'n eigne Wege:
Hüten doch nicht `ne Nervensäge!
...
Ob... Bungeejumping, E-Bike fahren...:
Das Sparbuch aus so vielen Jahren

Plündern sie selbst, die neuen Alten,
Bevor sie – möglichst spät! - erkalten.
...

Was sie noch tun, nicht früh zu sterben,
Erzählt man lieber nicht, den Erben,
Sonst beten die noch zum Gevatter:
„Blas aus, das Licht, schnell, unserm
Tatter!"
...

Hat auch die Hülle mal zu klagen,
Lässt sich die Endzeit so ertragen!
Bei mir ist jung, mein Kind, im Geist,
Das spielt dann mit. Na, gut: zumeist.
...

Schwirrt auch im Hirn ein
Schmetterfalter,
Und sei man knackig noch, im Alter,
Knackt es dann höchstens in Gelenken!
Den Rest will ich uns lieber schenken.
...

Da helfen Pillen nicht, nicht Pflaster:
Die Zeit läuft ab. Und damit: Basta.

———

*Nr. 39 für Jan. 2015 aus insgesamt 2.929
Gedichten/Wortschöpfungen ab März 2004;
Kreativkernzeit 23.01.15, ca. 07:10 – 08:30
(+redakt. Ergänzungen)- © Heinz-Albert Ellner
– D56727 Mayen - Publikationen bisher nur als*

Internetpräsenz, wie z. B. unter meiner
Haupthomepage www.lyrikportal.de u. v. a. m.
(Achtung: Alle Homepages seit Juli 2012 nicht
mehr aktualisierbar, sonst sind alle weg).
Nutzung evtl. Verlinkungsangebote auf eigenes
Risiko ohne Haftung bzw. Gewähr.

Getestet: 6 Minuten noch gut unterboten, **die**
einleitenden Worte (unter 30 Sekunden) zählen
nicht.

Lebe langsam schneller... oder so.

Geht's bei Dir nicht grade fix,
Doch dem Nachbarn wirft das Glück
Sich selbst nach, ein gutes Stück?
Glaub nur fremdem Schicksal nix:
Heute noch auf stolzen Rossen,
Morgen in die Brust geschossen,
Heißt es, ähnlich? Also lebe.
Spar nicht viel, sei Mensch und... gebe.
....
Lebe, denk' nicht allzu weit.
Was noch gestern galt, gilt nicht,
Weil die Welt sich grad vermischt.
...In dieser vernetzten Zeit
Ist, trotz Blüm'cher Weisheit – kicher -
Deine Rente nicht mehr sicher.
Wartest' auf das Grundeinkommen?
Ha, das bleibt Dir unbenommen.
...

Doch „die Kipping" stand ja schon
Lotter-Tsipras dicht am A...*
Üben, wie man dreist und barsch
Kohle zockt, mit der Vision:
„Geld verteilen, das der Andern",
Denn die Kohle, die muss wandern,

Von den Schaffern, zu den Siechen.
Lern' bei Roten und... den Griechen.

...

Ja, nach Merkel kommt, von links
- Diesmal sei es obergeil
Weltbewegend! - neues Heil:
Meist ja aus den Ecken winkt's!
Hier: „Bedingungslose Kohle",
Man verspricht, zu aller Wohle.
Sahras Flüsterknecht hilft planen,
Wie es geht, das große Sahnen...

...

Also harre einfach aus,
Bis das Glück kommt, in Dein Haus.
... Kommt es nicht, sei ohne Sorgen,
Wagenknecht wird Dir was borgen:
Sozialismus heißt dies Glück.
Zahl's dann einfach... nicht... zurück.

---

* Hinter Tsipras auf einem Pressefoto beim
Besuch in Griechenland.

Seelsorger? Pfarrer? Psychologe?... Warum?

Mir fällt ein, noch im Erwachen:*
Das Gespräch mit ein paar Müttern,
Mittags**, dürfte auch entfachen
- Bei dem Gatten - wohl Erschüttern,
Wenn Madam hätt' - plötzlich – Zweifel?
...
Doch mir geht's um MEIN Int'resse:
Warum ich mich gleich zuwende?
Kaum, dass ich's auch auf die Fresse
Mal bekäme, merkt am Ende
MANN, woher der Aufmupf kommt!
...
WAS bringt's MIR, mich einzumischen,
Wie ein Pfarrer, Bruder, Vater
Rat zu geben??? Denk inzwischen:
WARUM bin ich gleich Be-rater?
Das Motiv ist mir nicht klar!
???
Ist es noch die schwache Mutter,
Wie im Erstgedicht beschrieben?
Spät erkannt, dass nicht in Butter
War, ihr krankes Selber-Lieben,
Adaptiert mit bösen Folgen?
...
WAS bringt's MIR ein, Frau zu stärken?
Ging's mich an, wenn sie auch leiden,
Wie die Eltern, an den Werken

Ihrer Eltern und bekleiden
Dann das Amt des Wiederholens?
...
Müsste eigentlich erkennen,
Dass sich FRAU'n selbst Kerls aussuchen
Und dann später drüber flennen,
Jammern, trauern, heimlich fluchen,
Wenn der sich nicht ändern LÄSST?
...
War ein Beispiel selbst, ein schlechtes:
Zweimal Heirat, ein paar Kinder!
Damals Mitgefühl für Frau'n? Kein echtes!
Mehr ein Nutzer und Erfinder
Schöner Worte, meist im Suff...
...
Erst ab dieser Suffaufgabe,
Neunzig, konnt' ich in der Seele
Auch erkennen, dass – Gehabe -
Vieles war! Und ich verhehle
Nicht mehr: Ja, ich war ein Arsch...
...
Will ich vielleicht FRAU beschützen
Vor den Typen des Subjektes,
Das ich war? Was soll das nützen?
Jeder hat wohl was Verstecktes:
Zu dem Deal gehören zwei!
...

Kann ich also damit leben,
Nicht bei sorgenvollen Mienen
Gleich den GURU abzugeben,

Mich als Retter anzudienen:
Stets verständnisvoll, qua Amt?
???

Ja, da muss ich jetzt drauf achten:
Nicht in die Be-Rührung-sfalle
Gleich zu tappen??? He! Das Trachten,
Was zu sagen in dem Falle,
Sieht FRAU mir wahrscheinlich an?!
???
??? Wie, doch Altes noch erhalten?
Mein Gespür für Seelenschmerzen
Sollte zwar nicht ganz erkalten,
Doch... PARTEINAHME... ausmerzen,
Das wär's, was ICH... ÄNDERN...
KANN???
???
??? Ganz neutral - was mensch-bezogen -
Filtern und dann sachlich spiegeln,
Macht das aus, den Psychologen???
???Muss ab jetzt das Mundwerk zügeln!
Wenn, geh' ich jetzt wertfrei ran!
!!!
Gut, du hast verstanden, Mann!

---

* ca. 04:05 Uhr, dann direkt an den Computer
gesetzt.
** Ab und an meinte/meine ich, anmerken zu
müssen, dass auch heute noch „die Frauen" die
meiste Familien-Arbeit leisteten, sehe ich das
Gehetze und höre von „Kindergeburtstag hier
und da", Sportverein etc. und Mama fährt das
Plag hin, der Gatte hat dann „was Wichtiges" zu
erledigen. Gelegentlich kam es auch zu einem

143

emotionalen, tieferen Austausch, wo ich dann –
qua persönlicher Ansicht und besonders durch
das spontane Mitgefühl – auf der Seite der
„armen" Frau stand.
Einmal – und das war/ist wahrscheinlich auch
der tiefere Auslöser – ließ ich mich zu einem
ungefragten Berater verleiten und säte bzw.
verstärkte ich die Zweifelsfrage negativ , ob bzw.
dass diese neue Partnerschaft gutgehen würde,
sähe/spürte ich das Herrische in der Person. Das
beschäftigte mich wohl immer noch und ergo
weckte mich plötzlich der Begriff „Psychologe",
den mir eine andere Dame kürzlich zuwies,
irgendwie spürend, dass das noch nicht so ganz
stimmen konnte. Und genau da scheinen dann
meine unterschwelligen Selbstzweifel
herzukommen, die ich nun – aus meiner Sicht als
Problem wieder bravourös gelöst – durch/im
Gedicht herausarbeitete, um – wie zu 99,9% in
meinen Lyrogrammen – auch in diesem Fall zur
„genialen" Erkenntnis zu kommen, wie sich ab
der drittletzten Strophe dann auch rasant
verdichtet.

Nr. 06 für August 2017 aus insgesamt 3.468
Gedichten ab März 2004 – Kreativkernzeit:
24.08.17 ca. – 04:10* - 05:50 Uhr
© Heinz-Albert Ellner - D56727 Mayen

SEHER, nur IN EIGNER Sache?

Ich will hier gar nicht so weit gehen,
Die Suffaufgabe vor Jahrzehnten
- Zwar einschneidend, mehr seelisch,
geistig -
Als Ursprung für weit'res Geschehen,
Was mich künftig dann wohl erwarte,
Wenn ich dann neu mit was auch
starte,
Als richtig, schon vorherzusehen...
...
Wie ich die Wahl von Trump
wahrnehme,
War'n, meine in den letzten Jahren
Getroffenen Entscheidungen
- Per Bauchgefühl zwar unbequeme
OPs - im Hier und Jetzt gesehen,
So, ungeplant, jedoch geschehen -
Grad das, was mir zu passe käme!
...
Denn dies' Europa heut', in Teilen,
Wird wieder Spielball, mehr von außen!
Herr Putin, in Alt-Serbiens Auen,
Lässt Stellvertreter bald auskeilen.
Im Kosovo, so hinter-trieben,
Muslime - dann erneut ver-trieben -

Jetzt auch noch, ab nach Deutschland,
eilen?
...
Denn Trump mit seiner deutschen Gene
Anlagen - auch zum Pragmatismus! -
Wird wenig helfen! Mehr... wegschauen!
Putins Gestänk're - ist das „Schöne" -
Soll Deutschland treffen und zerlegen!
Da kommt ein Donald Trump, gelegen:
Der Balkan, wieder Auftakt-Szene?
...
Auch wird, Herr Trump, Putin nur
drohen
Zum Baltikum, zur Ukraine.
Er wird Deals mit den Russen machen:
Demokratie? Die Feuer lohen,
Vor allem heute über TWITTER!
Zurück, KRIEGen WIR's, rachebitter,
Wegen der Ahnen Kriegs-Verrohen???
...
Nicht nur deshalb. Die Rote Karte
Zeigen uns die wirklich globalen
Großmächte... Während Deutschlands
Tumbe
- In eig'ner „Comedy del Arte"
Mit ÖKO, BIO, Klimarettung -
Sich selbst, in geilster Lobeinbettung,
Gut fühlen, noch, in jeder Sparte,
Hasst
...schon die Rest-WELT das Gelei're!

Denn Scheinheil-Deutschland liefert
Waffen
An Freund und Feind. Und kriminelles
Abgasbeschiss-Vertusch-Gesei're
Trägt dazu bei, dies' deutsche Übel
Jetzt wieder als ein Scheiße-Kübel
Zu seh'n, im dreisten Rumgeei're...
...
Und das erkannten schon die Briten:
Der Krauts Einfluss in ganz Europa,
Gefällt gar nicht den Insulanern...
...Dann, wie bei Trump, hatten Meriten
Der Oberschicht satt, Unterschichten,
Und wollten – just for fun -
umschichten...
Jetzt lässt – Nationalismus - bitten!
!!!
Nun, wie ich's sehe, gibt's Tendenzen,
Dass die Kolonie-Angelsachsen
Von einst, sich dazu separieren
Vom „Commonwealth-Pack" vor den
Toren?
Vorbei auch: „Money, back in Massen"
Gezahlt meist aus den deutschen Kassen!
Half Putin hier auch, unverfroren???
...
Der wusste dass - Trump - wird
gewinnen!
Und, wie Theresa May schon labert,

Wär' man der AMIs Absicht sicher,
Der Angelsachsen neues Spinnen
Noch zu belohnen, mit Verträgen,
Die an Europas Stempeln sägen???
Bei uns gärt's ja schon längst, da
drinnen...

~~~

Was mich, SEHER von eignen Gnaden,
Betrifft: Warum ich fit sein wollte?
`S ist ein Konglomerat an Ahnung,
Dass, wenn der Friede mal ging baden,
Die hüft- und bauchkranke Resthülle
- Weil dann das Geld fehlt', in dem
Laden -
Schnell einging, nicht geflickt den
Schaden?
???
Denn – repariert – könnte ich trotzen,
Den neuen Zeiten und mitklotzen…
…Das hat sich dann ja auch ergeben:
Es schenkte ja ein Länger-Leben,
Mir Armer,
Die BARMER…
!!!
Sehr gut gelaufen, passt in's Rasta!
Brexit und Trump? Mein neues Lasta,
Urknall-verdichtet. Und jetzt Basta!

———

*Nr. 22 für Jan. 2017 aus insgesamt 3.398
Gedichten ab März 2004 – Kreativkernzeit
21.01.17, ca. 17:45 – 21:05 Uhr - © Heinz-
Albert Ellner - D56727 Mayen*

Vom „Ver-zetteln"

Oder: **Eigentlich** Müll, aaaber… Oder: Doch
alle Tassen im Schrank?

*Das Wort macht mich stutzig, ich weiß
nicht, wieso?*
Ver-zetteln, das hat was von... Panik,
Von Kopflosigkeit? Doch was hat das
TAROT
Zu tun mit der ollen Titanic?
~~~

Nur weil es sich reimt, nutz' ich nicht
den Begriff...
Der hat was von Untergang, seelisch!
Doch fühl' ich mich nicht auf `nem
sinkendem Schiff,
Beton' ich, vorweg schon mal, kehlig'!
…
Ich zog eben raus, eine Tages-TAROT-
„Scheiß"-Karte, den Quatsch neu zu
testen…
Vor Jahren ging' ich ja mal ähnlich vor,
so,
Da stand es um mich nicht zum
Besten…
…
Die Psyche im Keller, wie's eben so ist,
Wenn's rauf geht und dann wieder
runter.

150

Da griff ich als Selbsthilfe zu dieser List:
Doch Glaube hält uns nur schein-munter.
…
Und – *eigentlich* - ist mir TAROT heut'
zu dumm,
Beliebiges weiter zu *glauben*...
Gut, warum auch immer, es trieb mich
halt um,
Per Karte, „Weisheit" abzustauben…
???
Denn - *eigentlich* - hab ich ja alles im
Griff:
Mir geht's – seelisch - fast dauer-
blendend,
Nix DEPRI, kein Dunkel, kein
kenterndes Schiff:
Zufriedenheit just „never endend"!
…
Doch trotzdem: Warum grade HEUT'
das TAROT?
Dies' wiederum, steht in den Sternen!
Die machten mich *eigentlich* damals
auch froh
Und halfen, Hirn-Scheiß zu entfernen…
…
Wie immer das klappte, ist jetzt mal
egal:
Wer heilt, hat halt recht, und ich heilte

Mich selbst von viel Schrott! Übrig blieb
mein Urknall!
Zur Freude er in mir verweilte…

…

Doch grade TAROT, was hat's damit auf
sich?
Lohnt' sich's, da mal tiefer zu bohren???
Ver-Zetteln plus Müll, noch TAROT auf
dem Tisch?
Es schrillt wieder hinter den Ohren.

~~~

??? Ich hab' mich ver-zettelt und
schweif' wieder ab?
Das war und ist Krux meines Lebens!
Ab-lenkung erfasst mich, und hält mich
auf Trab:
„Mal dranbleiben" ist dann vergebens...

~~~

ACHT STÄBE? Wie praktisch! TAROT
hat stets recht:
ES wusste, dass ich mich ver-zettel?
Na - *eigentlich* - ist ja die Karte nicht
schlecht:
Hinwerfen müsst' ich ja, den *Bettel*?

….

Doch welchen? Ich habe Garagen voll
Kram

Der - *eigentlich* - Müll ist, nicht:
Schätze!
Das sind viele *Bettel*! Ergreif' mich, o
Scham,
Dass ich mich – vor mir selbst – ent-
setze...
...
...Und ekle, wie einst mit dem Suff ja
gescheh'n:
Da wurd's mir vom Spiegelbild übel!
Erkannt, wollte ich mich als Säufer nicht
s*eh'n,*
Lag seelisch wie Abfall im Kübel...
...
Ja, dieses Gefühl wünschte ich mir
sogleich,
Mich von alten Scheiß mal zu trennen!
Sofort das entsorgen, was - mehr als
Getäusch' -
„Antik" andre Krauter auch nennen...
???
„Gebrauchen" kann stets jeder Messi den
Scheiß,
Mit dem er vermüllt, seine Wohnung...
„Die **Schätze** sind kostbar!" Versteh'
ihn, ich weiß!
Auch „horten" ist kranke... Belohnung..
???

Hier klemmt's, trotzdem komm' ich zu
Potte,
Nur anders: Es drängt fies „der
Flotte"...

???

Zurückgeeilt vom stillen Orte,
Heißt's in des Hirnes Reim-Retorte:
„Und du zog'st aus, den Geist zu...
erden???*
Jetzt hast du plötzlich mehr
Beschwerden?
???
Warum greifst du noch zum...TAROT???
Schmeiß DIESEN MÜLL schon gleich
in's Klo!!!
Noch besser ist, verbrenn' DIE Krücke...
Und füll mit Neuem an, DIE Lücke???"
???
??? Ha, damit könnt' ich sehr gut
leben!!!:
- Sie sehen mich, den Arsch erheben
- Den Krempel in den Ofen schieben
- Und Feuer dran: Die Funken stieben!
!!!
Das hat's davon, dieses... TAROT,
Dass es da...rumlag, einfach... so,
Und musste sich in's Hirn, mir, drängen!
JETZT geht's mir besser, das um
Längen!

154

...
Denn mir fällt auf: TAROT, als Krücke,
Ist auch `ne Selbstbe-schränkungs-
Tücke,
Dem Zufall `s Schicksal überlassen,
Verhilft, dass – weiter - fehlen, Tassen?
???

Genauso, wie das Jesuleinchen
Allein im Herzchen sei, bei Kleinchen,
Ist Zufalls-Weisheit Schwachsinn
Dritter,
Auch Kinderglaube! Das ist bitter:

...

Wie lang`s oft braucht, um zu
VERSTEHEN,
Und seelisch endlich KLAR zu SEHEN!
Ja, Selbstbetrug ist eig`ne Tücke:
Ist sie erst raus, füll` neu, die Lücke...

...

Beim Denken gibt`s da keine Normen:
Ersetz` ich einfach alte Formen
Und DENKE mir halt neue Tassen!
So, kann DER Schrank sich sehen
lassen:

...

Nun gut, mein Haus hat viele Schränke,
Und weil ich ziemlich viel er-denke
- Nicht nur als Tassen, auch als Teller -
MUSS manches auch mal in den Keller.

...
Doch kommt des Einfalls neue Mode,
Wird aussortiert qua Reim-Methode...
Auch schau ich so nach Macken, Rissen,
Wenn, wird's vorher schon
weggeschmissen.
???
Sie spüren 's Leserin und Leser:
Heinrich ist guter Selbst-Verweser!
Dass dies' auf Dauer auch so bleibe,
Hör' ich auf's inn're Kind
und...schreibe...

Fazit:
Mein Heinzel denkt, der Urknall lenkt,
So sind WIR schon mal nicht be-
schränkt!
Denn – panisch-kopflos - macht den
Denker
Stets nur der eig'ne Seelen-Henker...
                        !!!

_____

* Vorheriges Gedicht Nr. 3.454
Nr. 17 für Juli 2017 aus insgesamt 3.455
Gedichten ab März 2004 –
Kreativkernzeit
10. 07.17 ca. 16:25 – 20:20 Uhr (mit
Pausen) - © Heinz-Albert Ellner -
D56727 Mayen

Bild: Selbstbetrachtung

Der Künstler stellt sich auf diesem Bild darf. Ein aussagekräftiges, in gedeckten Farben gehalten, in verschiedenen Ansichten dargestellt, präsentiert es dem Betrachter ein Gesicht, so wie sich der Künstler sieht. Der Hut als Markenzeichen, der kurze, graue Bart und die streng erscheinende Brille. Die Form seines dargestellten Mundes wirkt verschlossen, so, als wolle er jetzt nicht reden. Die Brille verstärkt seinen Ausdruck und es scheint, dass der Blick durch den Betrachter dringt. Das Bild hinterlässt einen tiefsinnigen Eindruck, den uns der Künstler wie in Bildern auch als seine Texte vermitteln will. Acryl auf Leinwand.

Zahn 27 – zum I.

Verplombt vor Zeiten, fiel die letzte
In Teilen raus, doch das Fatale:
Mein Schicksal schon die Messer
wetzte:
Die Ärztin - für sie kaum's Banale -
Verhindert!!! Sie...bekam... ein Kind!
~~~
So harrte ich denn ein paar Wochen
Aus, puhlte raus, die Speisereste.
Zuletzt im Zahn, der alte Knochen
- Auch die Idee war nicht die beste -
Verstopfte dann das Loch mit... „FILL"!
???
Im Internet, recht warm beworben,
War's da, aus England! Ich probierte
Es aus. Der Zahn war abgestorben,
Deshalb ich mich da auch nicht zierte..
??? Der Scheiß hielt nicht mal einen
Tag…
…
So war ich's leid, im Loch zu puhlen,
Bei harten Sachen zog's schon
schmerzlich.
Um nicht weiter im Schmerz zu suhlen,
Rief an, ich, und vernahm, fast herzlich:
„Ja, sie ist da" und „Kommen sie!"

…

Doch war's schon um den Zahn
geschehen,
„Der ist gebrochen. Ich empfehle
Einen Chirurgen". Konnte gehen.
Dachte, ohne mir's zu verhehlen:
„Geahnt hast du 's ja. Wenn's so ist...
MIST!"

**Dann fuhr ich schnell zu Dr. Z….**
**Empfangsfräulein? Schnell, pfiffig,**
**nett,**
**Machte mir gleich einen Termin,**
**Und ich konnte von dannen... zieh'n...**
**So puhl' ich weiter, bis dahin…**

———

Nr. 11 für Juni 2017 aus insgesamt 3.436
Gedichten ab März 2004 – Kreativkernzeit
28.06.17 ca. 11:20 – 12:10 Uhr -
© Heinz-Albert Ellner - D56727 Mayen

## Zahn 27 - zum II.

**Da Tag war gekommen, die Botschaft zu hören:**
**„Wir ziehen das Ding dann und dann…"**
**Doch wusste ich – blöde! - mich daran zu stören:**
**Trotz Fest-Termin, kam ich nicht dran…**
**!!!**
Um 16:30 Uhr ganz pünktlich erschienen,
Saß ich da und war abgelenkt
Vom Smartphone. Sah doch jeden vorher bedienen,
Der nach mir kam. Dacht' erst: „Geschenkt…

…

Private? Auch sagt man, dass eilige Fälle
Man vorzöge, vor… einem.. Zahn…"
Doch nach einer Stunde ging ich hin, recht helle
Und meinte: „Wann bin ich denn dran?"
???
Nun war ich der nächste! Welch Zufall, denn da
War sonst nur noch einer im Raum...

Dann sah ich den Kopfverband und
dachte: „Ja,
Käm' der Herr noch ´vor, juckt's mich
kaum…"

…

Dann musste ich doch diesem „Fräulein
von Letzt'"
Noch sagen, dass „wir" am Termin
Noch feilen müssten! Denn ein Warten
bis jetzt,
Mir schon etwas drastisch erschien!

…

Auch schlecht, auf dem Stuhl lag ich
rum, wie'n Stück Holz,
Um 17:50 Uhr, allein!
Und als ER dann kam, dachte ich kurz:
„Was soll's,
Nur einmal noch! Sei nicht *gemein*…"

…

Dann ging's plötzlich flott, und ich war
auch versöhnt:
Der sachliche Ton, der gefällt!
Doch werden die Mädels mit Lob nicht
verwöhnt!:
??? Knallhart ist getaktet, DIE Welt?
???
**Scheiß! Ich HAB' die Zeit und auch
Geld!**

## Das nächste Mal wart' ich, bis's schellt.

———————

Nr. 12 für Juni 2017 aus insgesamt 3.437
Gedichten ab März 2004 – Kreativkernzeit
29.06.17 ca. 22:35 – 23:45 Uhr -
© Heinz-Albert Ellner - D56727 Mayen

## Zahn 27 zum III. -

**Er verlässt mich am 04.07.17? Schluchz! Aber offenbar ging's da nicht wirklich drum, sehe ich den Verlauf...**

**Mit 6 durchbrach er einst den Gaumen?**
**So ist er fünfundsechzig?!**
**Nicht `s Nüsseknacken, nicht die Pflaumen:**
**Der Zucker hier wohl rächt, sich?**
**???**
**Zahn 27 macht Probleme!**
**Gebrochen, geht's zu Ende:**
**Als 4., ohne Weisheitszähne!**
**Ist das dann nun die Wende?**

~~~

Ich nahm das Alter an, erst kürzlich!
Jetzt aber - lieber Scholli -
Macht nun die Hülle - nicht nur fürzlich!
-

Mit mir auch da den Molli?
???
„Ist alles Technik!" Als Devise
Mag's ja noch länger taugen.
Doch kommt's jetzt dicke, denn das Fiese:
Es eiern auch die Augen…

…

Nun gut, bekannt: `Ne neue Brille

163

Steht an, nach 4, 5 Jahren...
??? Scheiß, wie die Zeit vergeht. Mein Wille
Ist's auch nicht, mit „den... Haaren"!
???
Das Vokuhila" war einst praktisch
Doch jetzt will's kaum noch sprießen!
Da kämme ich ja auch schon taktisch!
LANG werd' ich – wann? - einbüßen?
..
Bald stehen da wohl auch nur Stoppel,
Als Rest, mich selbst zu täuschen!
Denn dieser alte fette Moppel
Hört auch was... an... Geräuschen!
!!!
Die Hand ist ab. Und die Gelenke,
Sind längst ja schon rheumatisch
Durch Morbus Crohn: Eins der Geschenke
Des Schicksals. Doch, apathisch
???
Sieht - neben Asthma-Anfall-Hecheln
- Verkürzt auch's Darmgekröse -
Man mich nicht, meistens eher lächeln,
Macht auch der Darm Getöse!
…
Denn mich erfreut die neue Hüfte…
DICLAC gibt's, für Gelenke,
Das Herz ist jung. Geistig kaum Klüfte,

Schreib ich auf, was ich denke…
Im Reim vermag mein ICH zu fliehen
- Höchstens brennen die Backen -
Denn da kann ich vom Leder ziehen,
Bis – technisch – stört, das Kacken…

…

Vom Zahn kam ich auf das Fäkale?
Das kaaann bei mir vorkommen!
Mein *kleiner Heinz*, der radikale,
Warf aus dem Nest, den frommen!

~~~

Ich bleib' gern DER Poet für's Grobe,
Der – kindlich frei – verdichtet,
Was ihm einfällt im Geist-Getobe,
Meist, ohne, dass er richtet...

…

So denn an die, die „Ellner" lesen:
Authentisch werd' ich bleiben!
Denn ich fress' wirklich einen Besen,
Sollt' ich je... *Sülze*... schreiben…

…

PS:
Ich weiß zwar nicht mehr, wie, zum Teufel
Ich kam vom" Zahn auf Hülle"?
Doch bei dem Besen, hab' ich Zweifel,
Da ist noch Geist, In Fülle…

…

Ich will ja noch „wie Rilke" werden,
Und der schrieb meist romantisch...
Bekäme ich DIE Geistbeschwerden,

165

Wär's - „Sülze" - nicht, semantisch!
???
Es gibt ja immer Helle...
Wenn wer `ne Falle stelle?
Dann macht` ich keinen Mucker:
Mein Besen wär` aus Zucker...
???
Ist ein altes Lasta!
Basta!

_____

Nr. 13 für Juni 2017 aus insgesamt 3.438
Gedichten ab März 2004 – Kreativkernzeit
30.06.17 ca. 16:25 – 18:10 Uhr -
© Heinz-Albert Ellner - D56727 Mayen

Zahn 27 zum IV. -
Er verließ mich am 04.07.17! Freu!

`S ist komisch, beim Ärzte-Termin!
Erst ist noch viel Zeit, und... dann...
eilt es!
Ins Auto und schnellstens, da, hin...
Bist du pünktlich da, scheiß, dann
weilt es...

~~~

Nun, diesmal ging alles sehr schnell,
Und ich musste nicht lange warten,
Kann sagen, beinah auf der Stell'
Ging's rein > auf den Stuhl > und dann:
Starten...

…

Begrüßung vom Doktor, und gleich
Ein Kältetest zu Nebenzähnen:
Verdammt kalt!!! Vorbei DIESER
Streich….
Die Spritze? Am Rand zu erwähnen...

…

- Dann Wartezeit, bis das Zeugs wirkt:
- Zu IGEL zählt `ne Mundschutz-*Elfe*
Auf, was quasi Lind'rung verbürgt?
„Eisbeutel und Garn!"..."Macht dann
Zwölfe!

…

Bezahlt wird nachher, mit Verlaub!"

Dann weiter ein wenig gewartet...
Der Doktor erscheint: „Alles taub!"
Robust wird auch diesmal gestartet...
…

Schließ' doch schnell die Augen, lieg'
starr,
Denn sah vorher die Instrumente...
Ein kurzes Gezerr' und das war's?
Vernäht noch das Zahnfleisch, uuund:
Ende!
!!!
Erfreut, ob der Kurzprozedur
Schenk' ich Dr. Z. auch ein Lächeln…
Ein Händedruck, fest. Ich denk' nur:
„Der mag es, wenn Typen nicht
schwächeln!"
…

Bezahlt noch an der Rezeption
Die 12 Euro Peanuts, zum Zähnchen...
Das nahm ich gleich mit: Mein, ist's
schon!
Einst gab's keine Zahnfee, nur
Tränchen...
…

Ein Wort zu den Mädels im Rund:
Geschäftig und flott in der Sache...
Doch sah ich bei fast keinem Mund
- Zeittakt-verursacht? - eine Lache!
…

Ich, <u>angestellt</u> in einem Amt,
War deshalb kein fauler Beamter!
Zum Aktenberg-Mindern verdammt,
Schlich der rum, ein-aktig!!!...
Verdammter!
Trotzdem ist das gar kein Vergleich!
Wer Selbständig ist, gibt selbst alles...
Und ist er beim Fordern zu weich,
Geht's schief, meist, im Falle DES
Falles.
...
Doch gäb' ich glatt Fünfe von Fünf,
Sollt' ICH solche Punkte vergeben.
Da ist Ordnung. Und's ist vernünf-
Tig, sachlich zu sein, wie grad eben...
...
Trotz sachlicher Kühle doch nett
- Spür' ich zu Beginn und am Ende -
Wirkt auf mich schon, Herr Dr. Z.!
Es ist da... der Druck seiner...
Hände…
~~~
Das war's hierzu:... Klappe! Aus! Ende.

———

Nr. 09 für Juli 2017 aus insgesamt 3.447
Gedichten ab März 2004 – Kreativkernzeit
06.07.17 ca. 22:05 – 23:00 Uhr
- © Heinz-Albert Ellner - D56727 Mayen -

Lebenslauf
Heinrich Albert Ellner

Biografisches:

N. e. geboren am 25.12.1945 in Andernach als Heinrich Albert Fuchs. Durch Heirat der Mutter dann qua Adoption zum Familiennamen Ellner gekommen. Volksschule 1952 – 1960. Dazwischen (ab dem 8.? 9.? Lj.) nach der Schule und in Ferien Kinderarbeit auf einem Bauernhof. Am 20.12.58 Unfall in/an einer Mühle mit Handverlust rechts. Eine Zäsur, die sein Seelenleben über mehrere Jahrzehnte aus dem Gleichgewicht brachte, wie er sagt. Das Folgende sei dann nicht mehr „sein geistiges Ding" gewesen. 1960 – 62 Handelsschule. Gleich folgend Berufsausbildung zum „Industriekaufmann". Anschließend Angestellter, zuletzt über 30 Jahre Verwaltungs-angestellter bis zum Rentenbeginn am 01.01.2006.

Geistiges:
Hier darf ich etwas weiter ausholen, weil ich finde, dass dieser Teil im größeren Rahmen erörtert werden MUSS, um die Hintergründe für das späte komplexe künstlerische und vor allem literarische Schaffen dieses Ausnahme-Poeten, mit heute sage und

schreibe 3.511 Gedichten (1. Gedicht s. u.), wenigstens anzureißen, zumal, wenn man die Kurz-Biografie dazunimmt. Da ist Ellners Zähigkeit, sich selbst nicht aufzugeben, wirklich zu bewundern.

Mangels „Spielzeug" in den ersten Jahren, „lesen" in Büchern mit Bildern aller Art, wie Bilderbibel, Balladenbücher, Lexika etc. Wichtig war dann wohl die Phantasie dazu, nach Rückfrage bei der Mutter, was das und das bedeute... Auch in der Natur großes Interesse an Flora und Fauna. Dann erweiterte Beschäftigung mit „Wissen aller Art" in der dörflichen Volksschule. Einer Empfehlung für's Gymnasium wurde wegen Armut (Schulgeld, späteres sofortiges „Geldverdienen" vorgegeben) nicht gefolgt. Nach dem o. a. Unfall dann abruptes Abschalten der kreativ-konstruktiven Phantasie, insbesondere zur Zukunft. Denn als „Behinderter" könne er froh sein, überhaupt ein Auskommen zu finden, so die Erziehungsberechtigten. Die Handels-schule wurde genehmigt, weil wenigstens „mittlere Reife" erforderlich sei für den weiteren beruflichen Weg als Angestellter. Sporadisch Alkohol ab 1960, um Komplexe zu „überspielen". Gelang damit sehr gut. Erstes Koma-Saufen 1962. Hätte nächst drei Jahrzehnte dann privat und dienstlich

„funktioniert". Suff aufgegeben 1990. Ab da geistig auf der inneren Suche nach dem Sein. 2004 ein erstes Gedicht mit gleich 34 Strophen. Nun hatte er aber auch in seinen Gedichten so etwas wie ein „Ventil" gefunden, negative Befindlichkeiten zurückzuerinnern, zurückzuerleiden, Seelenmüll aus Kindheit und Jugend mental und emotional zu bearbeiten und sich auf die Art „jede einzelne Kränkung aus dem Hirn zu schreiben". Denken, bzw. Phantasie als kreativer Vorgang im Hirn, wurde immer freier.

Heute danke er dem Urknall, vor allem aber sich selbst, Suff und sonstige Süchte abgelegt und somit seine kreative Phantasie wieder entdeckt zu haben. Für allzu große Höhenflüge gäbe es seit 1995 Elke (Ehefrau seit 2008), als sein seelisch-moralisches Eichmaß in ihrer Eindeutigkeit, die ab und an sein allzu übermütiges *„inneres Kind"* auf den Boden der Realität zurückhole, bei Bedarf beileibe nicht verbal den sachlich-konstruktiven Diskurs scheu-end.

Doch die in der dörflichen Gosse angelernte grobe Ausdrucksweise und das spätere ambivalente Verhalten seien heute sein Pfund, mit dem sich lyrisch wuchern ließe, meint der Dichter. Es sei im Geist bei Bedarf abrufbar, um in emotionsgeladenen Versen rustikal bis radikal genutzt zu werden, Anlass bezogen, soweit eine (politische) Person des öffentlichen Lebens, ein (politischer) Vorgang oder ein bestimmtes Ereignis ihn derart berühre, dass er ein Gedicht darüber förmlich verfassen MÜSSE!

Aber: Einst im Denken und Handeln lange fremdbestimmt durch Sucht und *„Ahnenscheiße im Kopf"*, habe er solche Einflüsse seelentechnisch in vielen Gedichten schon untersucht und einzeln abgearbeitet. So brauche er Rollenspiel und Mehrdeutigkeiten längst nicht mehr. Da landeten auch Dinge, wie „was die Leute von ihm denken könnten", auf dem Müllhaufen seiner Lebens-geschichte.

In seinem Atelier (s. www.lyrik-portal.de) lebt er seit 2009 sein „So-Sein" als frei denkender Kunst-schaffender, Mitmensch und Erden-bürger aus.

Das folgende Gedichten habe ich nun extra mit hineingenommen, wurde es doch auf die Schnelle ad hoc geschaffen, als ich diesen „Lebenslauf" zur Abnahme zusandte. Sehen Sie selbst, was der sympathisch-freche Poet selbst zu seinen Gedichten anmerkt, die nach mancher Leser*in Meinung schwere Kost

seien, da müsse man ja ... dabei...
DENKEN... igitt!

„In der Kürze......!"
„???... Fuck you, Oberlehrer*in!"

*„Ich schreibe nicht geschleimte Kürze! Nein
- kurz - ist meine Sache nicht! Erst die
gereimten Geistes-`Fürze´,Die aus der Zeit
zieh´n durchs Gedicht, Als ich zog an der
Kittelschürze - Und später - sind der
Strophen Würze, Haben das menschliche
Gewicht!
...Verstanden, Ober-Sackgesicht?"*
„???"
"Na, gut: Nur diesmal KURZ! Mehr nicht!"

Nr. 02 für Nov. 2017 aus insgesamt 3.511
Gedichten ab März 2004 – Kreativkernzeit
02.11.17, ca. von 22:45 – 23:10 Uhr
- © Heinz-Albert Ellner - D56727 Mayen -

Wer zweifelt jetzt noch an der Authentizität dieses begnadeten Autodidakten, spürt man da die Freude über das das „Fabulieren DÜRFEN", regelfrei und ungezwungen, auch schon mal ausgedrückt in „Gedichte, die das Darmhirn schrieb" oder in frechen Reimen zu (Welt-)Politiker*nnen.   Zum anderen wird manch einer mitfühlen können, wenn Ellners „inneres Kind" während des Schreibens Schmerzen zurückerleidet in z. B. seinen Lyrogrammen,   Reim für Reim sich seelisch quälend, ein frühes Problem nacheinander angehend, um schließlich dann doch auch in diesem Einzelfall die (Er-) Lösung zu finden?

Ich finde, dass der Gesamtkünstler Heinrich Albert Ellner da in seiner Art der der Seelensuche   –   im   Gesamten   der selbstbezogenen Gedichte schon beinah so was wie eine gereimte innere Pilgerreise anmutend - überhaupt in der Art und Vorgehensweise,   eine   neue   Form   der Dichtung, Poesie oder Lyrik, wie auch immer, gefunden hat, die Ihresgleichen sucht, und das nicht nur in der Jetztzeit...

Romy Glaser

Quellenhinweis:

Alle vorliegenden Texte und Bilder wurden von Heinrich Albert Ellner für dieses Buch zur Verfügung gestellt. Auszüge oder Kopien bedürfen der Zustimmung.

Bisher erschienen:

Grob-Motorisches zu meiner Selber – Ein rustikaler Freigeist aus der Rheineifel
9 783743 139084
Books on Demand
2016

Schaan liest – zu Gast ist Heinrich Albert Ellner
9 783741 256455
Books on Demand
2016